2021 年江苏省高等教育教改研究立项课题"新时代师范生劳动教育教学与评价体系的研究与实践" 课题编号：2021JSJG007

新时代地方师范院校质量评价体系构建路径探析

刘欣　著

延吉·延边大学出版社

图书在版编目（CIP）数据

新时代地方师范院校质量评价体系构建路径探析 /
刘欣著. -- 延吉 : 延边大学出版社, 2023.5
ISBN 978-7-230-04927-6

Ⅰ. ①新... Ⅱ. ①刘... Ⅲ. ①地方高校－高等师范院
校－教学质量－研究－中国 Ⅳ. ①G649.21

中国国家版本馆 CIP 数据核字(2023)第 090293 号

新时代地方师范院校质量评价体系构建路径探析

著　　者：刘　欣
责任编辑：王宝峰
封面设计：文合文化
出版发行：延边大学出版社

地　　址：吉林省延吉市公园路977号　　　　邮　编：133002
网　　址：http://www.ydcbs.com　　　　E-mail：ydcbs@ydcbs.com
电　　话：0433-2732435　　　　传　真：0433-2732434
印　　刷：三河市嵩川印刷有限公司
开　　本：787毫米×1092毫米　　1/16
印　　张：11.25
字　　数：170千字
版　　次：2023年5月第1版
印　　次：2023年8月第1次印刷
书　　号：ISBN 978-7-230-04927-6

定　　价：58.00 元

前　言

2020 年 10 月，中共中央、国务院印发《深化新时代教育评价改革总体方案》，要求改进高等教育评价。2021 年，党的十九届五中全会第一次明确提出了"建设高质量教育体系"的要求，力图明晰新时代高教评价改革的政策方向。因此，完善地方师范院校质量评价体系，对推进高质量高等教育体系建设，促进师范院校教育高质量发展具有十分重要的作用。

本书立足于地方师范院校教学质量保障体系建设，深入探讨地方师范类院校质量评价体系的开发以及持续改进模式的创新，探索师范类院校专业认证及参与专业评估对专业建设发展的实际效能以及现代数据监测对高校监控体系建设的推动，探索高校教学质量的多方位构建及实施路径，并以问卷调查的形式反馈教学过程中实际存在的问题及解决方法。本书对构建及完善地方师范院校教学质量保障及评价体系进行了思考与分析；同时，本书对当前师范类课堂教学质量建设与改革有一定的启发作用。

本书由刘欣（盐城师范学院）独著。

本书撰写过程中，笔者参考和借鉴了一些先贤时人的观点及论著，在此向他们表示深深的感谢。由于笔者水平和时间所限，书中难免会出现不足之处，希望各位读者和专家能够提出宝贵意见。

目　录

第一章　地方师范类院校质量标准制定路径

党的十八大之后，中国特色社会主义进入了新时代，以习近平同志为核心的党中央围绕培养什么人、怎样培养人、为谁培养人这一根本问题出发，作出一系列重大战略部署，全面加强党对教育工作的领导，坚持立德树人，加强学校思想政治工作，推进教育改革，加快补齐教育短板；教育事业中国特色更加鲜明，教育现代化加速推进，教育方面人民群众获得感明显增强，我国教育的国际影响力加快提升，人民的思想道德素质和科学文化素质全面提升。在新时代教育评价改革背景下，地方师范类院校质量标准的制定便成为构建质量评价体系的关键。

第一节　新时代地方师范院校质量评价体系概述

一、质量与高等教育质量的概念

质量是教育学人最熟悉的一个概念，也是一个难以准确界定的概念。因为，质量既是一个历史的且来自外部的概念，也是一个时代不断赋予其新内涵的概念。在高等教育领域，质量既有广义与狭义之理解，也有外部与内部不同利益相关者的解读。高等教育质量既体现了一个国家对大学的期待以及政府向大学传导的外部压力，也隐含着一所大学持续追求的一种内在品质；前者折射的是"从上至下"的国家意志，后者是一所大学"从下至上"的本体追求。总之，质量在高等教育领域既是一个体现价值判断的概念，也是一个在特定时空条件下有相对客观标准的"技术"。追求质量保障和标准的最终目的是实现具有"生态"性质的质量文化，它是高等教育系统和机构不可或缺的独特文化。

质量是事物本身的内在规定性满足外在需求的程度，它既是一个社会各个领域经常使用的耳熟能详的概念，也是教育领域一个具有特殊含义的概念。高等教育作为一种社会活动，兼有人才培养、科学研究、社会服务以及文化传承与创新等职能。因而从广义的角度理解，高等教育质量包括了与其职能相关的全部活动。例如，联合国教科文组织于 1998 年发布的《面向 21 世纪高等教育的展望与行动》报告，将高等教育质量定义为一个多维的概念。报告指出教育质量应该包括教育的所有功能和活动，即教学和学术项目、研究和奖学金、人员配备、学生、建筑、设施、设备、对社区和学术环境的服务。这里关于高等教育质量的解读就是一个宽泛的理解。但在高等教育历史进程中，人们更多的是从狭义的层面理解高等教育质量，即主要指高校的人才培养质量。

因此，在中外高等教育领域，许多与质量相关的概念通常是在狭义的语境下使用的，如教学质量、教师质量、教材质量、课程质量、人才培养质量、课堂教学质量等。狭义的质量概念在高等教育管理领域更是比比皆是，如质量保障、质量问责、质量评估、专业认证、教学评估等。2001 年，欧洲高等教育机构签署的《萨拉曼卡公约》指出："质量是欧洲高等教育领域的基本组成部分，并使其成为信任、学位的相关性、流动性、兼容性和吸引力的基本条件。"这些关于高等教育质量的理解基本是在狭义层面，其指向主要是人才培养质量。因此，当下探讨高等教育质量或构建高质量的高等教育体系，明确高等教育质量的内涵和范围十分重要。在高等教育发展进程中，人们"窄化"了质量的适用范围，但应该承认这是一个历史事实。至于如何让"窄化"的质量观在更大的范围内发挥其作用，如何在新时代重新解读"高质量"的含义，则是另外一个需要探讨的问题。

对高等教育质量的认识之所以有广义与狭义之分，其实质是高等教育活动在演进过程中其功能裂变的结果。从高等教育机构发展的历史逻辑看，人才培养是基本职能，科学研究是重要职能，社会服务是延伸职能。但在传统高校的教育实践中，这三种职能都是"聚焦"在人才培养上，即科学研究和社会服务是人才培养的重要手段。因此，在早期的中外教育家著作中，如从纽曼的《大学的理念》、雅斯贝尔斯的《大学之理念》到近代中国的梅贻琦、蔡元培等教育家的教育主张，几乎看不到他们对高等教育质量的论述，几乎没有关于"质量"的严格定义。这不是说早期的中外教育家不关注高等教育"质量"，而是精英化时代高等教育机构的一切活动和符号都是"高质量"的象征，并不需要专门展示其质量价值。但这种情况随着西方国家高等教育由精英化进入大众化发生了改变。

质量作为一个严肃的学术概念走进高等教育领域是在"二战"后，它体现的是一个国家高等教育的危机意识和质量意识的觉醒，是高等教育机构最大的进步或改变。例如，1958 年美国《国防教育法》(National Defense Education Act)的颁布，引发了"二战"后美国高等教育改革浪潮，随之而来的就是一些关于"高等教育危机"的论著逐渐问世。又如 1995 年，联合国教科文组织提出了高等教育三大危机：质量危机、财政危机、道德危机。"质量危机"被视为最大的危机，这是因为在高等教育规模扩张、财政缩减、大学生辍学率和失业率不断上升的背景下，联合国教科文组织向全球发出的一种预警。这种危机意识是高等教育系统从"被动"适应社会变为"主动"适应社会的一种觉醒，是提升高等教育质量意识的催化剂。

纵观质量作为一个学术概念在高等教育领域得到重视的过程，可以发现高等教育系统只要有了危机意识，就会有质量意识的提升及保障措施的出现。凡是危机意识强烈的国家，其高等教育质量意识也十分强烈，对质量保障的"技术"探索和追求就相对快一些，反之就慢一些。高等教育的危机意识与质量意识是相辅相成的，可以刺激其质量保障技术不断发展，并形成系统的质量管理理论和技术标准。总之，对于高等教育质量的理解和运用，一直存在着观念上的认识与实践上的技术操作两个层面。对质量的理解和重视程度的不同，源于对危机的认识和反应程度不同，危机意识是质量意识的"因"，质量意识是危机意识的"果"。危机意识的产生条件是高等教育发展水平的成熟度。

时至今日，高等教育质量作为一个学术概念还没有一个统一的定义，以至于 1985 年美国学者鲍尔提出"质量究竟是什么"这个问题之后，人们突然发现质量概念的问题是一个从来没有解决的问题。也就是从这个时候开始，人们试图对高等教育质量加以定义，并达成了一些共识：其一，高等教育质量本质上是一种价值判断，是基于个人实践经验的理论概括，其内涵主要指的是人才培养质量；其二，高等教育质量是由稀缺性决定的，当稀缺性问题解决之后，原来被遮蔽的质量问题就会显露，随之为高校质量管理提出了新要求；其三，对高质量发展的强调，是对高等教育增量式发展的一种纠偏，其目的是实现数量与质量的协调发展；其四，高等教育机构的质量管理具有滞后性。

二、质量与高等教育质量的发展

从其产生而言，质量概念和质量保障源于企业界，其表示的是产品本身内在规定性满足人们需要的程度，反映了生产活动与社会活动之间的内在联系，这种规定性往往是企业根据客户对产品不同质量的需求，对其质量"门槛"进行的量化定义。因此，在企业界，关于质量和质量控制从一开始就走向了以量化标准为特征的技术路径。20 世纪 60 年代，美国学者阿曼德·费根堡姆提出了全面质量管理理论，该理论在企业界得到了广泛应用。特别是 20 世纪 80 年代，日本企业的成功引起了学者的关注。1980 年，戴明在美国做了一次题为《日本能够做到，为什么美国不能做到？》的公开演讲，引起了很大反响。以此为契机，全面质量管理在全球企业界引发了一场"质量革命"运动。在这场"质量革命"运动中，企业对质量的关注从最初的注重结果、事后检验，但无法预防和控制不合格产品的产生等后端检验范式转变为注重过程、注重质量控制的前端检验范式，形成了以质量为中心、以全员参与为基础、对全过程进行流程化和规范化的质量管理模式。

与企业界对质量保障的理解相似，高等教育对质量的管理从一开始也是试图引入企业的技术标准和路线。例如，在 1985 年，美国的一些大学尝试将全面质量管理应用于高校，俄勒冈州立大学是美国第一所试验全面质量管理的大学。英国政府于 1990 年开始在大学中实施全面质量管理。就推进的历程而言，这一实践起源于北美，先是传播到拉丁美洲，然后传播到欧洲，而后又传播到亚洲和非洲。特别是近些年，在新公共管理理念的影响下，各国政府进一步强化了对高等教育机构的质量监管，通过多种手段强化对高等教育质量的控制，并由此形成了教育评估（Educational Assessment）、认证（Accreditation）、审核（Audit）等各种外部质量保障制度。当然，所有这些质量保障的制度、手段及方法，其前提是高等教育质量应该和产品质量一样，是可控的、可衡量的和可评价的；通过这些工具、手段和方法的应用，可以实现对高等教育质量的控制、评价和改进，并实现对高等教育质量的保障。

当企业界的质量概念和技术方法被引入高等教育领域之后，人们逐渐发现对高等教育质量进行定义相当困难，高等教育界与企业界对质量的理解和实践有着很大不同。首先，这种困难表现为质量是一个相对的术语，不同利益相关者对于质量存在着不同解释。例如，从学生视角出发，他可能关注课程的学习质量，如英国高等教育质量保证机构（QAA）将质量定义为"向学生提供的学习机会帮助他们实现其目标的一种方式，确保为学生提供适当和有效的教学、支持、评估和学习机会"；从教师角度出发，他可能关注学术质量；而从社会用人单位视角出发，最终关注学生作为产品的质量。

其次，质量是一个多维的概念，从不同视角出发，对高等教育质量存在着不同解释。例如，质量是适切目的、质量是规范标准、质量是追求卓越、质量是增值等。1995年，联合国教科文组织在《关于高等教育的变革与发展的政策性文件》中指出：高等教育的质量是一个多层面的概念，在很大程度上取决于特定系统的背景、机构的使命，或特定学科的条件和标准。丹麦哥本哈根商学院哈维教授认为："高等教育中有各种各样的利益相关者，不同的人对质量都有不同的看法""质量可以被视为卓越、完美（或一致性）、目标适切、物有所值和变革""质量是科学控制的结果，是符合标准的。"

最后，质量不是一种静态的，而是一种动态的、不断变化的卓越追求。正因为对高等教育质量的理解难以形成共识，联合国于2007年对质量保障的定义是："质量保障是一个包罗万象的术语，其指的是一个持续的评估（评估、监控、保证、维护和改进）高等教育系统、机构或项目质量的过程。作为一种监管机制，质量保障侧重于问责和改进，通过共同认可过程程序和完善标准，提供关于质量的信息和判断。"所以，从质量这一学术概念被引入高等教育领域的过程来看，其一方面借鉴了企业质量的概念，形成了以技术标准驱动的质量定义，包括质量的标准、规格和要求；另一方面，高等教育领域关于质量定义关注了多方高等教育利益相关者的诉求，尤其是社会和公众的问责成为衡量质量的新要素。

从世界各国高等教育质量保障的经验和实践看，其最初往往是强调技术标准，但随着质量保障不断深入，高等教育机构最终发现，技术标准不是高等教育质量保障的灵丹妙药，任何技术标准背后都隐藏着价值取向。高等教育质量保障作为技术标准，与企业要求的质量一样，具有排他性，它强调了规范、原则与技术要求。同时，高等教育质量作为多元利益相关者的诉求，又具有包容性，强调沟通、协调与参与。这种排他性与包容性的统一，体现了高等教育质量的特殊性。因而，任何关于高等教育质量的改进活动，都必须考虑已有利益相关者的价值、信念、规范。正是基于这一理解，欧洲高等教育机构联合会（European University Association，EUA）在 2003—2006 年发起了旨在提高和改进高等教育质量的"质量文化"项目，其核心就是把"自上而下"的结构管理要素与"自下而上"的文化要素结合起来，由此形成一种自我持续改进的质量文化。

与西方高等教育发展历程相类似，我国在 20 世纪 90 年代中后期启动了高等教育规模的扩张，此后高等教育界逐渐意识到"高校教育质量在滑坡"，并开始呼吁"质量意识要升温"。而后，我国高等教育质量保障建设步入快车道。在过去二十余年时间里，教育部先后启动了合格评估（1994 年）、优秀评估（1996年）、随机评估（1999 年）、水平评估（2002 年）、审核评估（2013 年）等不同类别的评估；同时推动专业论证、国际认证、高等教育数据监测等多种质量保障制度建设。特别是进入 21 世纪，教育部密集出台了一系列政策、意见，推出了一系列本科教学改革工程，启动了一系列人才培养改革计划。这些举措推动了高校内部教学改革，带动了内部质量保障体系建设，初步形成了"由外带内、内外互动"的高等教育质量保障格局。但也应该看到，我国高等教育质量保障体系与西方国家高校一样，起步走的也是以"技术标准"为核心的质量保障路线，虽然这在一定程度上推动了政府对高等教育的投入，解决了高校"三个投入"不足的问题，但这种"标准为王"的质量保障体系也遇到了时代瓶颈。

通过已经进行的几轮本科教学评估，各高校的质量意识不断提升，办学条件有了较大改善，许多高校成立了质量保障机构，但总体上都是以迎接教育部的评估为主，只有极少高校开展具有自身特点的"内部质量评估"，更没有形成独具特色的内部质量保障体系。大多数通过本科教学评估的高校评估成绩较好，但社会和学生的满意度与评估结果之间的反差十分明显，一些反映高等教育质量的"真问题"被遮蔽了，如人才培养方案存在的问题等。实际上，国家提出的构建"高质量"的高等教育体系，在一定程度上是对当前高等教育质量的"不满"。

从"技术"层面来看，西方国家的高等教育质量保障产生了许多制度性的做法和机制，如质量问责、专业认证、教学评估等，这些制度也都先后被引进我国，但并没有达到预期的效果，相反在一定程度上加重了我国高校质量保障体系的负担。我国高等教育发展模式从《国家中长期教育改革和发展规划纲要（2010—2020 年）》提出的"注重内涵发展"到党的十八大提出的"推动内涵发展"，再到党的十九大报告提出的"实现内涵发展"和今天的"高质量发展"，高等教育质量已经从高校内部和民众的一般诉求上升到国家意志。基于这样的背景，单纯依靠传统的技术路线已经无法满足未来建设高质量高等教育体系的内在需求。可喜的是，经过质量保障建设和反复的实践检验后，教育部又启动了新一轮审核评估，计划到 2025 年完成。这一轮审核评估与之前评估的最大区别是突出了"质量保障能力"对人才培养的支撑情况，突出了"五自"（自觉、自省、自律、自查、自纠）的质量文化对质量保障的引领和支撑。显然，这一转变不仅仅是在制度层面建立更加完善的质量保障治理体系，也不仅仅是引入更加丰富的质量保障手段和方法工具，而是希望在深层的价值层面建立新的质量体系，推动高校从被动接受质量评估转向主动追求质量的转变。

第二节　新时代党的教育方针的演变

一、党的教育方针调整对高校人才培养提出要求

随着中国特色社会主义进入新时代，以习近平同志为核心的党中央，对高

校人才培养提出新要求，党的教育方针随之进行相应的调整。具体有以下几项：

2018 年 9 月，习近平总书记在全国教育大会上强调"在党的坚强领导下，全面贯彻党的教育方针，坚持马克思主义指导地位，坚持中国特色社会主义教育发展道路，坚持社会主义办学方向，立足基本国情，遵循教育规律，坚持改革创新，以凝聚人心、完善人格、开发人力、培育人才、造福人民为工作目标，培养德智体美劳全面发展的社会主义建设者和接班人，加快推进教育现代化、建设教育强国、办好人民满意的教育"。习近平总书记在全国高校思想政治工作会上的重要讲话，深刻阐释了党对高等教育发展规律的新认识，全面回答了"培养什么样的人、如何培养人、为谁培养人""办什么样的大学、怎样办好大学"这两个根本性问题。习近平总书记的讲话是一篇指引办好中国特色社会主义大学的纲领性文献。

2018 年 6 月，教育部在四川成都召开新时代全国高等学校本科教育工作会议，会议强调，要坚持"以本为本"，推进"四个回归"，加快建设高水平本科教育、全面提高人才培养能力，造就堪当民族复兴大任的时代新人。同年，教育部发布《关于加快建设高水平本科教育全面提高人才培养能力的意见》（教高〔2018〕2 号）（以下简称《意见》）。《意见》指出，要加强高校质量文化建设，完善质量评价保障体系、强化高校质量保障主体意识、强化质量督导评估和发挥专家组织和社会机构在质量评价中的作用。

2017 年，教育部颁布的《普通高等学校本科专业类教学质量国家标准》（教高司〔2017〕62 号）（以下简称《标准》）。《标准》明确了各专业内涵、学科基础、人才培养方向等；明确了该《标准》适用的专业；明确了专业的培养目标，对各高校制定相应专业培养目标提出原则要求；明确了该专业类专业的学制、授予学位、参考总学时或学分；提出了思想政治品德、业务知识能力等人才培养基本要求。在师资队伍方面，《标准》对专业类师资队伍数量和结构、教师学科专业背景和水平、教师教学发展条件等提出了要求。同时，《标准》明确了专业基本办学条件、基本信息资源、教学经费投入，包括实验室、实验教学仪器设备、实践基地、图书信息资源、教材及参考书、教学经费等量化要求。《标准》对质量保障体系也提出了明确要求，明确了该专业类教学过程质量监控机制、毕业生跟踪反馈机制、专业的持续改进机制等各方面要求。

党的教育方针为地方师范院校质量标准的制定指明了方向。因此，地方师范院校需进一步认真学习并深刻领会相关文件精神，系统总结学校历年办学经验，科学制定或修订《学校"十四五"事业发展规划》及人才培养、科学研究、社会服务、文化传承与创新等四大职能的相关制度，力求做到目标明确、内容完备、设计科学、形成规范，以及规划目标的前瞻性和可操作性。

同时，地方师范院校进一步根据地方经济社会发展需求、学校办学定位及教学基本条件，调整本科专业结构；修订和完善《本科专业人才培养方案》，优化课程体系结构，做好本科专业人才培养的"顶层设计"；进一步遵循本科教育教学规律，并依据教育相关理论，修订和完善各主要教学环节（包括关键细节）的质量标准，继续加大教学质量的常态监测、专题评估和动态调控的力度，尤其是要加强各关键环节教学质量的"前馈控制""过程控制"和"反馈控制"，努力提高教学过程的运行质量；配套完成各门课程教学大纲（含实践教学）的修订，以便为制定质量标准打好基础。

二、党的教育方针和教育部文件对教育人才的相关要求

2018 年，中共中央、国务院颁布的《关于新时代全面深化教师队伍建设改革的意见》，这是新时代党和政府对教师队伍建设的重大战略决策，是新时代教师队伍改革的重要依据和方向。

2018 年，教育部等五部门印发《教师教育振兴行动计划（2018—2022）》（以下简称《行动计划》）。《行动计划》提出"经过 5 年左右努力，办好一批高水平、有特色的教师教育院校和师范类专业，教师培养培训体系基本健全，

为我国教师教育的长期可持续发展奠定坚实基础。师德教育显著加强，教师培养培训的内容方式不断优化，教师综合素质、专业化水平和创新能力显著提升，为发展更高质量更加公平的教育提供强有力的师资保障和人才支撑"。

2017 年 10 月，教育部印发了《普通高等学校师范类专业认证实施办法（暂行）》（以下简称《办法》）。《办法》以"学生中心、产出导向、持续改进"为基本理念；"学生中心"强调遵循师范生成长成才规律，以师范生为中心配置教育资源、组织课程和实施教学；"产出导向"强调以师范生的学习效果为导向，对照师范毕业生核心能力素质要求，评价师范类专业人才培养质量；"持续改进"强调对师范类专业教学进行全方位、全过程的评价，并将评价结果应用于教学改进，推动师范类专业人才培养质量的持续提升。《规定》对师范类专业建设标准进行了顶层设计。

为建设一支高质量的教师队伍，教育部相继出台了《教育部关于大力推进教师教育课程改革的意见》《教育部关于加强师范生教育实践的意见》《教师教育课程标准（试行）》《关于加强教师队伍建设的意见》《师范专业认证标准（试行）》《教师专业标准（试行）》《教师教育课程标准（试行）》等文件。这些文件旨在从课程建设与教育实践上改革师范生培养方式，确定教师教育的培养方向。

综上所述，党的教育方针和教育部颁布的相关文件为我国教师教育体制改革提供了指导思想和行动指南，从整体上推进改革，并提出了具体要求和改革方法。这成为将师范类专业认证成果转化为改进教师教育工作的动力。根据国务院相关文件精神，地方师范院校应进一步加强广大教师尤其是中青年教师在教育学、课程教学论等相关理论方面的"自主学习"与教学基本功的"专项培训"；同时，地方师范院校应分期分批开展相关专业（行业）职业资格培训，不断提高教师的本学科教学能力和相关学科的研究水平，从而使其早日成为一个合格的教学型和应用型人才培养的高校教师；地方师范院校应进一步加强学校的制度和章程建设，健全各项管理规章制度，制定教学管理文件，为"依法管理""依法治校""依法执教"提供政策依据；明确各类各级管理岗位职责，实行"因事设岗"和"因岗择人";积极稳妥地推进各行政部门和各教学单位的年度目标管理与绩效考核,完善激励与约束机制,以充分调动广大教职员工的工作主动性和积极性。

三、根据党的教育方针完善教学评价体系

2017 年 9 月,中共中央办公厅、国务院办公厅印发《关于深化新时代教育督导体制机制改革的意见》;2020 年 10 月,中共中央、国务院印发《深化新时代教育评价改革总体方案》。这两个文件要求改进高等教育评价体系,坚持把教育摆在优先发展的战略位置,全面深化教育领域综合改革。

2021 年 2 月,教育部颁布《普通高等学校本科教育教学审核评估实施方案(2021-2025 年)》(教督〔2021〕1 号)(以下简称《方案》),启动新一轮本科教育教学审核评估工作。《方案》明确规定推进"分类评估、以评促建、以评促改、以评促管、以评促强",推动高校积极构建自觉、自省、自律、自查、自纠的大学质量文化,加快构建中国特色、世界水平的高等教育质量保障体系。

根据党中央的相关精神和教育部相关文件的规定,地方师范院校须进一步完善学校内部的管理体制与机制,正确处理好学校内部的"专家组织"(教学委员会)、"行政组织"(教务处、教学办、教研室)和"评估组织"(评估中心)三者间的职能职责区分,有效实行"管办评"分离;充分发挥好教学管理工作中教务处的"主导作用"、二级学院的"主体作用"和教研室的"基础作用";进一步优化教学管理组织设置,提高"教学委员会"中学科专家、专业负责人、知名学者和一线教师的比例,切实实行"党委领导、校长负责、教授治学、民主管理";科学整合校级教学行政管理组织,优化教务处内部科室设置和岗位职责,提高管理的效率和效能;尽快建立健全质量监测评估机制的职能职责和相关规章制度,正确处理好两级督导组织关系,切实完善学校自我评估制度。

学校进一步保持各级教学管理干部队伍，尤其是二级学院教学副院长和教学秘书岗位的相对稳定，并加强各类各级管理干部的现代教育管理理念、先进管理手段和科学管理方法的学习与培训，努力提高管理信息化、决策科学化和运行规范化的水平；进一步优化学校管理运行机制，坚持在学校党政班子领导下，以"学校评建办"为主导，"相关职能部门"为主体和"二级学院"为基础，实行"各级组织领导负责制""目标管理责任制"和"评建事故问责制"；进一步加强评估宣传动员，调整迎评的精神状态和工作状态，并根据学校现有条件和时间，确定整改建设重点，科学制定整改建设规划，做到"有所为，有所不为""有所先为，有所后为""有所大为，有所小为"，以求建设工作取得最大实效。

地方师范院校要围绕本科教育教学审核评估，理解和把握新一轮审核评估方案中关于质量管理、质量改进和质量文化的新内涵；对照新要求找出当前高校质量保障体系建设存在的主要问题，把握"学生中心、产出导向、持续改进"三大理念，提出加强地方高校内部质量保障体系建设的对策和建议；尝试构建适合地方高校发展战略路径，丰富和拓展地方高校教育质量保障理论的外延，推进"以评促建"目标的实现，全面提升人才培养质量。

以江苏省为例，《江苏省普通高等学校本科教育教学审核评估实施方案（2021—2025 年）》指出："推动高校建立健全质量保障体系，培育自觉、自省、自律、自查、自纠的大学质量文化。""充分发挥院校评估的引导、激励、促进、鞭策和约束作用，引导高校内涵发展、特色发展、创新发展，培养德智体美劳全面发展的社会主义建设者和接班人。"教育部新一轮审核评估明确提出了新要求，对加强质量保障和质量文化建设发挥着重要的导向作用。因此，通过深刻分析、理解和把握新一轮审核评估方案中关于质量管理、质量改进和质量文化的新内涵与新要求，以立德树人为统领，以推进本科教育教学改革为主线，落实"学生中心、产出导向、持续改进"三大理念。地方高校结合自身实际发展和办学定位，不断完善构建质量标准，探索质量保障体系的建设途径，构建新时代背景下高校质量保障机制。

新一轮审核评估对高校分层分类评估，以促进高校分类建设、内涵发展。普通地方本科院校往往面临基础差、底子薄的现状，地方高校应在新时代的背景下，牢牢把握新一轮审核评估的价值取向，紧抓"以本为本"和"四个回归"的时代命题，全面对接新时代教育评价、教育督导体制机制的改革要求，提出新时代教育质量保障体系的构建措施，持续推进质量文化建设，将自觉、自省、自律、自查、自纠的高校质量文化渗透落实到教育教学各环节；做到"以评促建、以评促改、以评促管、以评促强"，推动学校高质量发展。

第三节　制定教学质量评价体系

地方师范院校要坚持以人才培养工作为中心，围绕学校的办学定位、人才培养目标和规格要求，遵循导向性、科学性、系统性、可操作性的原则，修订完善《本科教育主要教学环节质量标准》；逐步形成具有本校特色的教学质量标准体系，规范评价与反馈工作程序，形成运行、评价、反馈、改进的质量管理闭环，不断提高教学质量。下文以 Y 城师范学院为例，探讨教学质量评价体系的建设与完善。

一、教学管理组织设置状况

高校教学管理组织，一般包括"专家组织""行政组织"和"评估组织"等三个部分。

（一）专家组织

高校教学管理的专家组织，包括校、院两级教学指导（或工作）委员会和两级教学督导组。其中，教学指导（或工作）委员会主要担负"研究、决策、审议、指导"等职能，体现"党委领导，校长负责，教授治学，民主管理"的现代高校管理理念。

学校教学指导委员会职能、职责定位准确，其成员由二级学院教学副院长和各相关职能部门的处长担任。这在一定程度上体现了"校长负责，教授治校，民主管理"的精神。

学校建立有校、院两级教学督导组，其职能定位基本准确。

（二）行政组织

高校教学管理的行政组织，一般由学校教务处、二级学院教学办公室（简称"教学办"）和系室（或课程组）构成，其职能、职责应定位于"制订计划、组织指挥、协调控制和总结评价"；其管理内容包括计划管理、运行管理、质量管理、基本建设（包括制度建设、专业建设、课程建设）管理和教研教改管理等。

学校教务处设有正副处长各一人，其内设机构包括综合办公室、教务科、考试科、实践科、研究科、教材科、教师教育科等科室。教务处的职责基本覆盖了本科教学工作的计划管理、运行管理、质量管理和基本建设管理等主要方面，且职能、职责区分比较明确。

（三）评估组织

教学质量管理评估组织是近年来各高校为贯彻教育部有关建立"五位一体"的教学评估制度和健全"校内质量保障体系"而新设置的一个相对独立的"中介性组织"。其职能、职责一般是"常态监测、督导评估、信息分析和实时反馈"。

二、质量评价与持续改进体系制度建设现状

质量评价体系由质量标准体系、质量监控体系、质量评估体系、质量反馈体系构成。

质量标准体系是教学质量评价和持续改进体系的依据。质量标准体系以《普通高等学校本科专业类教学质量国家标准》为依据，其内容涵盖人才培养目标、培养方案、各教学环节标准、教学建设标准、教学管理制度等方面。

质量监控体系是教学质量评价和持续改进体系的核心，其职能是根据教学规章制度、各教学环节质量标准，对主要教学环节、教学质量进行监督和控制，包括领导干部听课制度、教学检查制度、教学督导制度、学生教学信息员制度、教师教学评价制度、教学基本状态数据采集制度和质量跟踪调查制度等。质量评价体系是教学质量评价和持续改进体系的关键，其职能是对学校教育教学工作质量进行评价，包括课程评价、专业评价、专业认证、第三方评价等。

质量反馈体系是教学质量评价和持续改进体系的重中之重，它是由结果反馈、信息利用和持续改进三个模块组成。其职能是将监控系统收集的信息和评价系统的评价结果准确、全面、快速地反馈到各级质量保障组织机构，为其作出正确决策提供可靠依据，从而能够及时调控和持续改进。

质量评价体系涵盖了各个教学环节，明确规定各个环节的管理办法和质量标准，确保每个教学环节都有章可循。专业与课程建设质量标准系统由专业建设、课程建设、培养方案、课程教学大纲、教学进度计划、教材建设与选用、教师备课、课堂教学、辅导答疑、作业批改、考试考核等环节的质量标准构成；实践教学质量标准系统由实践基地建设、实验室建设、实验教学、见习实习、毕业论文（设计）、专业技能训练、学科竞赛等环节质量标准构成；教学运行质量标准系统由教学质量第一责任人制度、教学例会制度、新教师岗前培训制度、教师任课资格审批制度、教学常规检查制度、干部和教师听课制度、教学督导

制度、教考分离制度、教学事故处理制度、毕业生质量跟踪调查制度等规章制度构成。

Y城师范学院从本科教育教学质量标准出发，坚持教学过程与质量监控并行、过程监控与目标考核并重，以提高应用型高级专门人才培养质量为目标，以加强教学过程的主要教学环节质量评价为重点，以提高教学质量管理的科学性、规范性为核心，制定了较为完备的教学质量保障模式。从教学环节覆盖到全过程，从教务系统覆盖到全部门，从学校内部覆盖到全社会，将各部门、各环节与教学质量有关的质量管理活动组织起来，逐步将教学和信息反馈的整个过程中影响教学质量的一切因素控制起来，构建了一个有明确任务、职责、权限，相互协调、相互促进的教学质量管理的有机整体。

教学管理组织系统、教学质量标准系统、教学管理运行系统、教学质量评价系统、教学信息反馈系统、教学行为奖惩系统互相结合；学生、督导组专家、教师同行、各级教学管理人员、用人单位构建多视角评价网络；从"信息收集与反馈""分析决策""资源保障""质量改进"和"跟踪监督"五种机制出发，按照"收集—反馈—决策—改进—跟踪"模式闭环运行，从而持续改进。

三、评教、评学、评估相辅相成

（一）评教方面

为加强教与学的沟通，了解学生对教师和学校在教学过程中的意见与建议，帮助教师改进教学方法，提高教学效果，Y城师范学院制定并颁发了一系列有关学生评教方面的制度和文件，如教学工作检查制度、教学信息中心与信息员工作条例、教师教学质量评价实施方案、青年教师讲课竞赛办法等。这些制度和文件确立了较为系统的评教制度，如学生网上评教、领导同行评教、教学单位领导评教、学生信息员制度、学生座谈会制度等，从而对教师教学工作进行全方位综合评价。

（二）评学方面

Y 城师范学院先后制定和修订了一系列规章制度，对学生的学习过程加强引导。通过教师问卷调查、教学督导组随堂听课、教师座谈会、学生座谈会、期中教学检查和课程考试等方式，对学生的学习态度、学习过程和学习效果等进行综合评价。

（三）评估方面

Y 城师范学院在评估方面主要考察专业建设规划的科学性、措施的可操作性、人才培养方案与培养目标的一致性、实验实习条件是否满足教学需要等，从而引导专业进行规范化建设。学位评估主要结合省学位委员会办公室组织的学士学位授予权评审指标体系，重点了解专业负责人的专业水平，专业教师配置、专业图书文献资料数量能否满足教学要求，课程建设，教学研究与改革成果是否丰富，确保其通过学校学士学位授予权评审、学业评估。分析专业建设中的优势与不足，为专业建设决策提供准确依据，为二级学院自查整改找准落脚点。

第四节 修订培养方案

人才培养、科学研究、社会服务和文化传承与创新是新时代赋予高校的四大基本职能。它们之间具有内在的统一性，相互支撑、相互促进。地方中小学教师往往出自地方师范院校。以Y城师范学院为例，Y城师范学院建校60多年来，源源不断地为Y城中小学输送教育人才，为服务地区教育，发展社会进步作出贡献。在新时代背景下，地方师范院校人才培养的质量坚持与时俱进，不断根据时代发展及地方要求调整人才培养方案，对地方教育人才培养的方向进行调整。以"应变求新"作为基本发展逻辑，聚焦人才培养方案的重构，更好地满足基础教育改革与发展的需要；全面保障和提升师范类专业人才培养质量，为培养党和人民满意的高素质、专业化、创新型教师队伍提供有力支撑。

一、Y城师范学院人才培养方案建设现状

一个完整的人才培养目标，其内容一般包括四个部分：一是体现德、智、体、美全面发展的"教育方针"；二是反映本专业的"三基要求"，即基本理论、基础知识和基本技能或能力的要求；三是明确毕业生的"就业去向"，即就业行业或单位；四是界定所培养的"人才类型"，如应用型高级专门人才。

Y城师范学院作为地方师范类高校，专业定位明确，服务Y城、立足本省、面向全国。其师范类专业偏重适应基础教育改革需求，所培养的学生热爱中小学教育事业，具有良好的教师职业道德与乡村教育情怀，具备系统的教育教学基本知识和基本技能、良好的专业学科知识、突出的实践能力，具备良好的班级管理、教育教学研究与专业自主发展能力，能在城乡中小学等教育机构

从事教学和管理工作。根据 OBE（Outcome Based Education）教育理念设计毕业要求、目标内涵包括教育信念、执教能力、育人能力、职业成就、专业发展；学生主要学习科学文化、专业基础理论、专业技法技能、专业教育教学、工具性知识，以及与本类专业发展方向相关的交叉学科方面的基本知识，接受专业技法技能和中小学教学技能的基本训练，具备专业教学的基本能力、方法应用能力、创新实践能力、综合研究能力、反思研究及交流合作的能力。

地方师范院校要紧紧围绕"一践行三学会"的新时代教师专业发展的新要求，毕业生应获得以下几方面的知识和能力：遵守师德规范，践行社会主义核心价值观，增强社会责任感；贯彻国家教育方针政策，熟悉教育法律法规、教师职业道德规范和相关政策，具有依法执教的意识；热爱中小学教育事业，具有教育情怀；具有坚定的教育信念，理解生命教育的理念，尊重中小学生的独立人格，重视中小学生身心健康发展，关爱学生；了解基础教育的现状，具有为基础教育服务、投身基础教育事业的职业理想和勇于奉献的精神；掌握与学科专业密切相关的文学、历史、哲学、心理学等人文社会科学知识；具备一定的外语水平、现代信息技术、文献检索等知识；掌握学科基础理论知识，能运用一定的方法开展专业研究、评价、实践活动，并最终能整合成学科教学基础知识；掌握一定的教学研究方法和课程开发、设计、实施、评价等专业能力，能借助现代信息技术了解学科发展的新成果和学科教育领域的发展趋势及动态，懂得先进的教育教学理论；熟悉中小学最新课程标准；掌握先进的教育教学方法，注重各类知识与科学技术的融合，能运用相关教育理念，有效开展中小学班级指导工作；有一定的组织能力、协调能力、管理能力；具有终身学习与专业发展意识；能结合就业愿景制定自身学习和专业发展规划；养成自主学习的习惯；有较强的自学能力，可自行通过先进的科学技术掌握其他相关知识；了解国际教育改革发展的趋势和教育前沿动态，能够积极尝试借鉴国际先进教育理念和教学经验进行教育教学实践。

二、地方师范学院本科人才培养方案存在的问题及改进

（一）地方师范学院本科人才培养方案现存的问题

当前，Y 城师范学院本科专业人才培养方案的制定（修订）、执行等方面存在以下几个方面的问题：一是在课程体系优化过程中，课程设置与学科发展、地方经济社会需求的匹配度不够；二是实践环节的安排，高校与企业的对接还有所欠缺；三是创新创业教育保障平台建设有待加强。

针对本科专业人才培养方案存在的问题，人才培养方案要在以下几个方面加以改进：一是分类培养，因材施教，建立多样化人才培养模式；二是优化课程体系，建立通识平台课程和专业平台课程体系，提高通识教育课程学分比例；三是以生为本，改革创新，从"以教促学"向"以学促教"转变，鼓励改革创新，实施分层教学、专题化教学以及线上线下混合式教学改革，满足学生个性化学习需求；四是加强实践育人、协同育人，提高实践教学比重；五是强化"第二课堂"的育人功能，建立创新创业课程体系和学分认定标准，将创新创业教育贯穿人才培养全过程。

（二）改进措施

根据中共中央宣传部、教育部《关于在高校思想政治理论课中进一步加强习近平新时代中国特色社会主义思想教育教学工作的通知》（教社科〔2022〕2号）等文件精神，坚持"立德树人"，以"学生中心、产出导向、持续改进"为目标，Y 城师范学院采取以下几项措施对人才培养方案进行改进：一是开设"习近平新时代中国特色社会主义思想概论"通识必修课；调整"毛泽东思想和中国特色社会主义理论体系概论"课学分、学时，调整"大学生心理健康教育"课开设学期。学校将培育和践行社会主义核心价值观融入教书育人全过程，努

力把思想政治理论课建设成为使学生明确理想、坚定信念、主动实践、终身受益的课程，有效实现思想政治理论课的价值和功能；加强与企业的深度合作，共同制定培养方案和课程体系，使之更加符合行业发展和企业需求；共同制定实践训练方案，充分利用企业资源开展实习实训活动。二是建立创新创业管理平台，协调学校学生处、团委、招生就业处等多个部门建立创新创业学分联合认定机制。三是严把人才培养方案制定、审核关，严格执行教学计划调整审批手续，严格执行人才培养方案。

第五节　优化专业设置，科学建设发展

地方师范院校的专业设置，应遵循地方经济发展实际，服务地方经济发展，并与之形成良性互动，输送服务地方经济的人才。地方师范类院校设置专业的职能，除了基本的人才培养外，还应以服务地方经济为导向。在新时代背景下，地方师范类院校面临新机遇、新挑战，在设置专业时应满足地方经济需求；在制定人才培养目标时，应紧密结合当地经济发展情况，为当地的经济文化建设输送人才。地方师范院校为地方培养人才，以地方经济基础为课题，展开相关研究，服务地方。在专业设置的规划上主要检验地方师范院校的人才培养目标是否科学，是否符合当地社会实际需求；最终体现在地方师范类高校制定的专业人才培养目标上。专业设置对地方师范类高校来说，是发挥主观能动性、主动适应市场变化的重要步骤。

当前，地方师范院校专业设置存在以下几个方面的问题：

一、专业设置及规划与专业现代化建设方向不符

（一）紧跟热门专业，专业设置过于追求同质化

由于地方师范院校顶层设计的缺失，缺乏当地政府的正确引导，部分地方师范院校在专业的设置上缺乏科学规划。部分高校的专业设置，不考虑地方实际发展情况，一味效仿其他综合院校招生率较高的专业，设置时下所谓的热门学科，如金融、会计、市场营销等。据不完全统计，某省地方师范类高校中，如金融、英语等热门专业重复布点率较高，但社会急需专业的布点率却较低。其原因有以下几个方面：一是高校没有考虑相关专业的覆盖率较高，造成专业人才资源过剩，毕业生就业压力较大，难以找到合适的工作，用人单位也难以找到具有相关行业知识的人才，造成"就业难"与"招聘难"的社会结构性矛盾；二是高校未结合自身的师范特色，偏离了以地方环境为基础，以师范专业为导向的办学目标。因此，缺乏市场前瞻性的专业设置，最终导致专业结构不合理，专业重复设置，同类专业方向较多，教学质量不高，教育资源浪费，办学效益低下，制约了专业平衡发展，影响新兴专业设置和整体专业结构合理化。

（二）专业规划与发展脱离地方社会经济发展情况

当前，我国高等教育已进入普遍化时期，高等教育有较为可观的覆盖率，随着高等教育从"精英化"到"普遍化"的发展，地方师范院校的教育职能与专业设置也迎来新的转变，即为地方经济建设培养人才，促进地方经济社会发展。

但当前部分地方师范院校在设置专业时未考虑地方经济的实际发展情况及需求，在专业建设上脱离当地需求，导致人才培养方案存在偏差，不仅影响了教育资源的有效利用，还导致学生在就业时难以在当地找到与专业相关的就业岗位，造成人才资源的浪费。并且，专业设置的不合理，导致人才培养无法

与地方经济和科研紧密结合，地方师范院校的人才资源无法支援地方经济建设；学生因专业知识所限，无法运用所学知识，紧密结合地方发展的实际情况，不能为推动地方经济发展作出一定贡献。

（三）专业建设力度与预期存在落差

当前，地方师范院校专业建设还存在一定问题，其主要体现在三个方面：一是专业课程层次不明。高校在设置专业课程时，未考虑到通识专业课与公共课之间、专业基础课与非专业基础课之间应存在难易差距。例如，文学类的汉语言文学、经贸英语，工商管理学科类的电子商务等方面的专业，学生所学的专业基础课知识，已在通识专业课中学习，而且课程的难易程度较为统一。这不仅造成了重复学习，打击了学生的学习积极性，也违背了社会发展对人才培养的需求，导致办学效益不高。二是课程建设步伐缓慢，其原因有三点：首先是地方师范类高校忽视专业课程的建设。在一个新专业进行申报时，学院往往支持力度较大，教师也积极申报品牌课程，但后期忽视了专业课程的建设力度，忽视了专业优势的拓展，专业特色的延续，最终影响专业的教学质量。其次是师资队伍较弱，教师总量不足、结构失衡。部分地方师范院校专任教师人数较少，教师高学历比例较低，教授和其他正高级职称人数较少。其中部分二级学院紧缺相关专业的教学科研人才；部分引进的新教师，教学经验缺乏，教学技能有待提高，还未具备较为良好的专业素质。最后是年轻教师的流失现象较为严重。作为高校发展的主力，部分年轻教师时常在外兼职，或是出国迟迟不归，或频繁跳槽，这些都不利于学校教学质量与专业建设的稳定发展。三是基础学科分布点偏少。地方师范类高校多重新兴、交叉专业的分布，但是基础学科的专业分布点在降低。例如，数学、物理、化学等传统专业。这一方面不利于基础性学科的人才培养质量的提高，另一方面也降低了基础性学科的专业地位。

基础学科专业发展的缺失，普遍存在于地方师范院校中，造成这种局面的主要原因是高校设置专业时功利性较强，应用型学科更能得到高校的青睐；而投资期与见效期均较长的基础性学科专业则被忽视。而且，基础性学科发展较为完善，进一步取得科研成果已比较困难，这与地方师范类高校设置专业时的追求短期利益的目标不符，这也是其建设力度不够的原因之一。

（四）师范院校非师范专业设置较多

随着师范院校逐渐向应用型大学转变的发展趋势，如今非师范专业已成为地方师范院校专业增长的主要方向。地方师范院校开设非师范专业的原因有以下几点：

一是经济发展导向。随着市场经济的逐步发展，地方师范院校的人才培养方案也在不断修订。市场需要各类型、各专业的复合型人才，而非单一的师范生。师范院校顺应经济发展的要求，在继续培养师资人才的同时，也陆续设置了培养市场经济急需的非师范专业。据统计，在地方师范院校中，非师范专业的比例大多已与师范专业持平，或多于师范专业；非师范学生的人数也急剧增加。新增的非师范专业，主要集中在管理学、经济学等。二是文化发展需求，随着市场经济的发展，大众的文化需求也随之发展。文化需求在教育上则直接体现为高校教育理念和专业设置的转变。近年来，地方师范类院校更加注重对学生开展通识教育；与此同时，地方师范类院校拓展了自身的专业设置领域，从而逐渐向"厚基础、宽领域"方向发展。经过调查发现，与服务业相关的非师范专业建设得到高校大力扶持。然而，非师范专业开设过多偏离了师范院校的教学方向，对教学人才的培养造成阻碍。

（五）地方师范院校工科专业力量薄弱

地方师范院校工科专业力量薄弱，主要体现在以下几个方面：第一，体现在新建的地方本科师范院校中。新建的地方本科师范院校的工科专业的师资力量较为薄弱，存在提高的空间。据调查显示，地方师范院校中工科类博士较少，具有正高职称的人数不多，有部分教师在进入高校工作之前，在高中、专科等院校从事教学工作，第一学历较低。虽然这类教师工作多年，教学经验非常丰富，但是在对专业的研究拓展上，在专业知识的前沿性应用上，还存在一定的不足，且科研能力偏弱。这与工科专业建设发展的要求尚且有着很大距离。建设一支胜任专业发展的工科教师队伍要做到以下几点：一是教师须具备丰富的专业实践经验，实践教学指导能力较强，这要求师范院校在引进人才时多做工作。二是地方院校须引进工科专业的学科带头人或是学科领军人物。三是建议培养工科专业骨干青年教师，增加其国际交流经验，提升专业背景。将专业的建设发展推向精细化、优质化，保证工科专业教学质量的同时，提升工科专业的科研能力。高校师资力量雄厚或者薄弱，反映的是高校本科教学工作水平是否合格。如果师资力量薄弱，不仅不能提高师范院校的教学质量，反而会对专业发展形成阻滞。从长远来看，对地方本科师范院校的转型发展是极为不利的。

第二，地方师范院校的专业实验设备较为落后和陈旧。工科专业建设与实验室配置不同步，实验室建设不能支撑专业建设。实验室功能的落后，是阻碍工科专业发展的阻力。随着工业社会发展，工科毕业生在各大中小型企事业单位中运用的现代化设备数量越来越多。高校要培养出符合市场发展需求的专业人才，首先要改善工科专业的实验设备。然而，地方师范高校的工科专业的实验室建设与设备还较为落后。许多设备购置较早，功能并不齐全。新购入的设备科研价值较低，不具备前沿性研究功能；或是有的设备未能完全开放，距离满足现代工科专业教学需要还有差距。高校和教师使用落后陈旧的实验设备培养工科专业人才，其最终的结果是导致学生毕业就业时由于专业知识及能力所限，无法胜任工作要求；甚至有的学生不认识新设备，在面对新设备时手足无措。除了影响对学生的培养及学生就业外，实验设备的落后还阻碍了专业建设与发展。因此，地方师范院校应抓紧时间解决实验室从无到有的问题，提升已有实验室的功能。

此外，新建地方本科师范院校的工科专业，还存在着办学模式僵化、实践教学模式结构化等问题。

二、优化专业设置结构的策略

（一）端正办学态度，明确专业设置目标

地方本科师范院校在专业设置时，应具备市场前瞻性眼光。这要求院校在优化专业结构的同时，加大特色专业的建设力度，以保证本科教学工作质量，满足市场经济发展和社会对高等教育的要求，满足人民群众日益增长的文化需要。当前，部分地方本科师范院校正在向应用型大学转型，由之前的单纯培养理论型、师范型人才，转型为培养理论与实践相结合，技术与技能相结合的复合型人才，以适应社会需要，更好地服务地方经济。通过优化人才培养目标，明确专业设置目标，逐渐达到转型的目的。

（二）注重师范专业建设

地方本科师范院校的师范专业应着眼于为地方培养合格师资，为社会服务，通过师范专业的人才培养方案建设，带动教学资源建设。地方师范院校应发挥师范专业重视教学基本功的优良传统，拓宽专业口径，提升专业教学质量，完善专业培养模式，构建专业课程体系。同时，应适当增加实践教学环节，加强对学生技术性能力的培养，以提高其就业竞争力。

（三）加强高校师资队伍建设力度

师资队伍的建设是学校的根本。没有雄厚的师资队伍，学校的教学、科研将无法正常运转，教育质量不高，而在薄弱师资队伍基础上制定的人才培养目标、专业设置目标，也将成为一纸空文。师资队伍的建设，也是新建地方本科师范院校专业改革发展的关键。引进高质量人才、培养高质量人才，坚持人才引进和培养并重的方针，建设一流的教师队伍，是地方师范院校在进行专业设

置前必须做好的功课。院校应围绕学科发展需求，引进高素质人才，并为引进的人才提供可发挥的平台。此外，还要加强培养骨干人才，努力培养一批具有创新能力和发展潜力的中青年学术带头人与学术骨干，积极选派优秀青年教师到国外深造，掌握国际学术前沿动态，提高自主创新能力。

（四）适当设置非师范专业

虽然地方师范院校转型任务繁重，但师范院校不能一味设置非师范专业。师范院校应以传统的师范专业为依托，并打造相应品牌。在此基础上，逐步发展非师范专业，并加以建设。适当设置非师范专业的内涵是指非师范专业所占地方师范院校的专业数量应占一定的百分比，而不是在数量上覆盖师范专业。当然，适当设置的比例，应结合各高校和地方的不同情况来设定。如果一个师范院校的办学规模及招生数量止步不前，增加非师范专业，则意味着减少师范专业的招生人数；在教学资源总和不变的情况下，对非师范专业的建设投入，则意味着减少对师范专业的建设力度。长此以往，这对师范专业的教育质量和办学规模都会产生不利影响。

第二章 地方师范院校专业认证评估效能

第一节 师范专业认证

一、厘清师范专业认证价值需求

（一）师范专业发展的必然需求

随着各师范院校师范类专业的日益发展，师范生人数不断增多，为地方中小学教育提供了有力保障，师范类专业的发展整体呈现欣欣向荣的趋势。但与此同时，师范院校的发展也暴露出一些问题。具体有以下几点：一是随着师范类专业竞争日渐激烈，部分师范院校在开设师范类专业时，因为盲目迎合就业市场的需求，缺乏长远的眼光与深层思考，未能建立完整的教育质量保障体系，缺乏开设专业的规范性；同时，教育教学质量的评估体系的建立存在一定缺陷，缺乏监管力度，对教育质量的监督不到位。二是中小学教育专业在地方性综合院校中处于弱势地位，占比较小。因此，强化"中小学教育"，明确教学发展目标，成为中小学教育师范类专业发展中迫切而紧要的命题。

（二）明确专业人才培养目标的要求

师范类专业的设置，与非师范类专业最显著的差异在于人才培养目标的制定，其人才培养目标是培养一批能力与素质兼备的中小学教师，从而提升中小学教育质量。因此，在对学生所用教材的挑选、中小学教育师范类专业师资队伍的建设、教育见习和实习基地的选择上，均围绕培养基础教育师资力量进行。中小学教育师范类专业的发展与教师行业不断变化的时代要求息息相关，建立专业化的中小学教师团队，还需要师范院校的中小学教育师范类专业的不断调整，更新发展模式，推进发展速度，提升人才培养质量。因此，高校师范类专业发展应该紧紧把握时代脉搏，通过完善教育质量保障体系的建设，制定专业认证标准，从宏观角度上把握专业建设的内涵，指明专业发展方向，提升专业办学质量，提高中小学教育师范类专业的人才培养质量，争取为中小学培育优秀的师资力量，推动中小学教育的发展。

二、地方高校师范专业认证发展现状

（一）人才培养方案设置待优化

"师范类人才培养方案是师范类人才培养的模板，这个模板的科学与否决定了人才培养的质量高低。"2011 年以来，我国各地逐渐实行教师资格考试制度，这不仅给师范专业的本科生带来压力，同时也给地方师范院校带来了一定的挑战，这对师范类专业人才培养方案的设置提出更高的要求。师范院校在制定人才培养方案的过程中，首先要考虑的是如何确保师范生能够顺利通过教师资格考试，这也是师范专业改革中的一个难题。现有的人才培养方案依然存在着不足，因此限制了中小学教育人才培养质量的提高。中小学教育人才培养方案的制定，首先要符合教育相关标准，对课程设置、课程结构、课程内容、课程实施、课程评价等进行顶层设计，使之既能较好地实现培养目标，又兼顾教师资格考试。其次，中小学教育人才培养方案的设置，在符合教育教学的运行规律外，更要兼顾基础教育机构对未来教师的实际需求，这也是师范类专业人才培养所需要努力的方向。在中小学教育人才培养方案的制定过程中，高校可根据实际发展情况，邀请中小学教师提出相关意见及建议，并及时进行修订。

（二）教育见习实习工作的指导

指导教育见习实习工作必须参与中小学教育专业认证，要求理论与实践紧密结合，师范类专业的学生不但要掌握教育基本理论知识，还要熟练运用各种教学实用技能。因此，学生除在校内进行专业课程的系统学习外，还要走出课堂，深入一线中小学教学单位，进一步获得真实教育情境中的实践经验。要确保教育见习实习工作取得成效，高校应做好系统化的管理工作，即提前与各中小学取得联系，确定教育见习实习的内容、时间等细节；在学生进行教育见习实习的过程中，由指导教师带队，保证见习实习的顺利进行；实践活动结束后及时完成考评工作。指导教师要切实履行职责，从实习生的备课试讲、课堂讲授、课后反思等环节进行全面而细致的指导；注重实践基地的建设，建立全程跟踪指导机制。

三、师范专业认证实现因素分析

（一）多措并举，加强专业认证制度建设

1.尽快建成校内专业认证系统

高校参照审核评估系统，设置专业认证各参评环节的基本模块。如今专业认证模式是由各院校填报相应数据、自评报告及提供佐证材料，以供专家实地

考察时阅览。其中因为环节设置的问题，学院所提供的佐证材料有一定的重复，佐证材料均为打印材料，耗费较多纸张；如果将其制作成电子文档上传至系统，则更为方便快捷。由于对指标内涵理解角度的不同，学校及二级学院对基本状态数据及佐证材料的要求可能存在冲突。如果高校设置专业认证系统，并发布系统操作指南，则方便各学院进一步理解专业认证指标体系，领会专业认证内涵精神。

2.组织职能部门统一培训

在迎接专业认证的实践过程中，部分高校相关人员，对指标内涵的理解存在不到位之处，如负责数据填报的工作人员，对研究标准的理解程度存在差异，导致在数据采集过程中会出现一定的冲突。为避免造成工作重复，解决工作中的问题，进一步完善专业认证工作，相关部门可面对高校各部门展开系统性的培训，梳理工作中的重点、难点、创新点。在知识体系层面上，对主要指标进行解释，部分术语、指标含义进行科学的定义或具体的解释。在具体操作层面上，细化到对工作细节的指导，争取帮助工作人员深入理解专业认证各项标准。同时制定统一的师范生技能测试标准，各高校按照统一标准来训练师范生的教学技能。

3.增强教师访谈环节

在师范类学生人才培养的过程中，教师扮演着重要角色。教师的教学状态、教学质量的好坏，很大程度上影响着师范类学生的培养质量，教师在自身道德观和价值观基础上对教学的评价和行为倾向，左右着学生学习的积极性。因此，在专业认证的过程中，高校应高度重视教师在其中所发挥的作用。专家组在进校认证时，可增加教师访谈环节的内容，多层次、多角度听取教师发言。

（二）齐抓共管，完善师范类专业人才培养质量

1.树立学生从教信念

师范类专业的学生作为未来的人民教师，一定要具备坚定而崇高的职业信

念。教师承载着民族的未来和希望，肩负着培育下一代的重要任务。地方本科师范院校应积极进行舆论宣传，采取主题班会、课外见习等相关教学活动，利用地方社会资源，积极开展思想政治教育，进一步塑造教师"人类灵魂工程师、太阳下最光辉的职业"等优良的社会形象；多措并举，营造校内尊师重教的良好氛围；增强学生的从教信念，培养学生的职业认同感，帮助学生树立崇高的职业理想，使师范类专业学生深刻认识到教育事业的使命感及光荣感；激发学生的学习热情，坚定其从教决心，将其培养成为推动教育改革和国家发展的人才。

2.优化专业质量保障体系

教学质量保障体系是动态的，不是静态的，因此其培养目标也是一个持续改进的循环过程。高校应进一步加强课程建设，加大课堂教学改革的力度。高校应认真研讨符合本校实际的师范类专业的人才培养规格，构建与应用型人才培养目标相适应的课程体系；建立课程建设的激励保障机制，加大经费投入力度，激发教师课程开发的创造潜能，鼓励教师大力开发新的课程资源，尤其要大力开发在线课程和校本课程，使其成为应用型人才培养的重要支撑；完善教育质量保障方案，建立长效运行机制；加强对学生学习状况的调查、分析，特别是对课程教学的改进，从而提高师范类专业本科生的教学质量。

3.加强高素质教师队伍建设规划

高校应进一步加大教师引进、培养力度，努力改善师资队伍结构，加大经费投入力度，根据学科专业发展需要，多渠道引进高水平学术带头人，加强教学团队建设，着力引进重点学科和新办专业的急需人才，促进相关专业的可持续发展。建立健全的专业建设、青年学科带头人的培育和激励机制，促进其尽快提高课堂教学水平，为学生提供更多的优质教育和发展机会。大力实施中青年教学骨干的培养和引进计划，着重抓好岗前培训、在职培训，认真实施"导师制"，对青年教师的教学、科研、管理等进行全方位指导；制定并切实落实青年教师深入一线课堂的观摩和顶岗制度，鼓励教师开展中小学教育研究工作，从而努力成为实践能力强的"双师型"教师。

第二节　工程教育认证

一、工程教育认证职能部门任务划分

软件工程专业是 Y 城师范学院首个接受工程教育认证现场考察的专业。此次认证，既是对软件工程专业人才培养方案的一次会诊，也是对 Y 城师范学院转变教学观念、落实"OBE"工程教育理念的一次全面检阅。工程教育认证对学校进一步提高人才培养质量，提升学校核心竞争力和综合实力具有重要意义。相关部门的工作任务有以下几个方面：

（一）评估处

评估处的任务有以下几点：

1.建立 2022 年工程教育认证专家线上考察工作群，全面做好各职能部门及相关学院的协调工作；确定部门工作小组名单、职责分工。

2.牵头组织专家线上考察前的协调会、与认证相关的培训会；牵头组织专家线上见面会和反馈会，确定会议议程；负责专家组见面会、反馈会线上会议室的预订、线下会议现场的安排、布置。

3.编制专家线上考察工作方案和工作指南。

4.协助专业做好专家线上考察材料汇报工作，组织相关专家审定专业汇报材料和表态发言稿。

5.根据专家意见，协调安排职能部门、二级学院领导深度访谈的时间。

6.参加专家见面会及反馈会，负责人做好答疑准备。

7.做好访谈准备工作，根据专家意见，部门领导接受深度访谈。

（二）教务处

教务处主要负责以下几个方面的工作：

1.负责检查是否将课程目标完成度纳入了试卷分析；学生的毕业设计是否符合专业要求，教师评语是否得当；实习材料内容、签字、打分是否齐全、准确；实验报告是否齐全；实训室记录是否齐全；做好专家线上考察前的准备及线上考察期间的材料审核、调阅工作。

2.提供学校层面的教学质量保障规章制度汇编。

3.根据认证专业需求，协调做好实习基地协议的签署、线上考察等工作。

4.部门负责人参加专家见面会及专家反馈会，负责人做好答疑准备。

5.做好访谈准备工作。

（三）院长办公室

院长办公室主要负责以下工作：

1.确定见面会、反馈会会址。

2.负责专家组见面会、反馈会线下会议现场的安排、布置，包括服务人员的安排及培训，起草参加会议人员的通知和制作席签等。

3.准备校领导致辞、表态发言稿。

4.做好学校领导深度访谈的相关准备工作。

5.协调校领导出席专家见面会；根据专家意见，协调安排学校领导深度访谈的时间、访谈方式等；协调校领导出席专家反馈会并准备表态发言稿。

6.院长办公室相关人员参加专家见面会及反馈会，负责人做好答疑准备。

7.做好访谈准备工作，根据专家意见，部门领导接受深度访谈。

（四）其他部门

其他部门如宣传部、学生处、招就处、团委和信息中心主要负责以下工作：

1.做好专家线上考察时师范类专业认证工作的网络宣传工作。

2.对学校网站及学院网站开展监督检查工作。

3.参加专家见面会及反馈会，负责人做好答疑准备。

4.做好访谈准备工作，根据专家意见，部门领导接受深度访谈。

5.协助软件工程专业解决认证期间的相关问题，提供专家线上考察时所需设备；技术人员负责提供网络技术支持，确保认证各环节的顺利进行并能正常开展工作，特别是见面会、反馈会的网络、视频通话的语音、画面等功能正常进行。

（五）相关二级学院

相关二级学院主要负责以下工作：

1.环境氛围的营造；线上考察场所、访谈场所环境的布置。

2.做好专家线上考察前的准备及线上考察期间材料的审核、调阅工作。

3.专家线上集中考察前按专家要求，扫描并上传材料的电子版。

4.确定工作小组及各分小组人员名单、做好职责分工，高质量、高标准开展工作，确保各项工作圆满完成。

5.为职能部门提供专业基本情况材料，组织开展本学院师生相关工程教育认证知识培训。

6.负责审核、整理本单位专业认证相应支撑材料，形成材料清单；负责提供专家查阅的专业认证相关材料、为专家的反馈提供依据等。

7.专业负责人撰写专业自评报告的补充情况说明、研究论证汇报材料，并做好汇报 PPT、撰写专业表态发言稿。

8.根据专家要求，协调安排学院师生深度访谈时间、方式等。

9.做好优秀校友、用人单位的遴选、培训与线上访谈工作。

10.准备的材料包括自评报告、支撑材料、教学基本材料（试卷、毕业设计、实习材料）、网站建设报告、专业汇报补充说明和表态发言稿；做好专家调阅材料的扫描、上传等工作；考察通知下发后，专业负责人应尽快上传支撑材料清单；对照专家拟定的考察内容，准备相关材料和访谈相关人员的对接，做好实习基地线上考察对接等工作。

11.准备三个会议室，为会议及座谈、访谈营造优良的环境。

12.在专家听课时，负责提供通识课程相关材料。

二、信息工程学院内部质量评价机制建设

信息工程学院内部质量评价机制文件《Y 城师范学院教学质量监控体系运行管理规定》《信息工程学院课程体系合理性评价机制实施办法》《信息工程学院课程目标达成度评价机制实施办法》《信息工程学院毕业要求达成度评价机制实施办法》《信息工程学院各专业持续改进实施办法（试行）》确定了教学过程质量监控机制和毕业要求达成情况评价机制，制定了各主要教学环节的质量要求。教学指导委员会、教学督导组、课程体系合理性评价工作组、课程目标达成度评价工作组、毕业要求达成度评价工作组、专业负责人、课程负责人、行业与企业负责人等定期开展课程体系设置合理性评价和课程质量评价，并据此对各项毕业要求的达成情况进行评价。

各专业每学期进行一次课程目标达成度评价。采用定量评价和定性评价相结合的方法，评价范围覆盖全体学生和全部课程。根据课程评价结果和对用人单位与毕业生的调研结果，专业每两年进行一次毕业要求达成度评价，包括基于课程目标达成度的定量评价和基于用人单位与对毕业生的调研结果的定性评价。各专业对分解后的毕业要求指标点能否覆盖认证标准中相应毕业要求的内涵、课程目标能否支撑相应的毕业要求指标点、课程考核能否支撑相应课程目标的达成等影响毕业要求的基础数据，相关课程目标对相应毕业要求指标点的支撑、课程考核对课程目标达成的支撑等。

三、工程教育认证培养过程及毕业要求设计

积极培养学生解决复杂工程问题的能力，通过数学与自然科学类课程的学习，学生掌握解决复杂软件工程问题所需的数学和自然科学知识，能够将数学、自然科学、工程科学的工具用于复杂软件工程问题的表述、建立相应模型并求解模型，从而能够将自然科学和数学模型方法用于软件工程问题的推演、分析和解决方案的比较与综合，为培养学生分析和解决软件工程领域复杂问题的能力打下基础。通过工程基础、专业基础和专业类课程的学习，培养学生在解决本专业的复杂工程问题时应用数学和自然科学的能力，培养学生计算思维、程序设计与实现、算法分析与设计系统能力，并能运用这些能力设计、实现或者安装复杂的计算机系统。通过工程实践类课程的学习，特别是毕业设计，培养学生的工程意识、协作精神以及综合应用所学知识解决实际问题，特别是复杂问题的能力。通过人文社科类课程的学习，培养学生树立正确的世界观、人生观、价值观，培养学生在工程设计中能够对法律法规、社会经济、环境、生产生活等方面进行全面考虑的能力。

工程教育毕业要求内容：

1.工程知识。学生能够将数学、自然科学、工程基础和专业知识用于解决复杂工程问题。

2.问题分析。学生能够应用数学、自然科学和工程科学的基本原理，识别、表达并通过文献研究分析复杂工程问题，从而获得有效结论。

3.设计、开发解决方案。学生能够设计针对复杂工程问题的解决方案，设计满足特定需求的系统、单元（部件）或工艺流程，并能够在设计环节中体现创新意识，考虑社会、健康、安全、法律、文化以及环境等因素。

4.研究。学生能够基于科学原理并采用科学方法对复杂工程问题进行研究，包括设计实验、分析与解释数据，并通过信息综合得到合理有效的结论。

5.使用现代工具。学生能够针对复杂工程问题，开发、选择与使用恰当的技术、资源、现代工程工具和信息技术工具，包括对复杂工程问题的预测与模拟，并能够理解其局限性。

6.工程与社会。学生能够基于工程相关背景知识进行合理分析，评价专业工程实践和复杂工程问题解决方案对社会、健康、安全、法律以及文化的影响，并理解应承担的责任。

第三节　校内专业评估

一、地方师范院校开展校内评估的意义

专业是高校办学的基础，专业建设是高校最重要的教学基本建设之一，是高校人才培养质量的重要保证。

专业建设在学院教学基本建设中居首要地位。加强专业建设，把专业建设放在学院教学工作的核心地位，是加快学院发展，提高办学水平，优化人才培养的关键。积极开展校内专业评估，特别是新专业评估，可以进一步推动学科建设、课程建设、师资队伍建设和办学条件建设，为学院质量建设提供科学依据和宏观指导，促进学院各项事业的协调发展。

通过开展专业评估，重点了解专业建设规划的制定及实施情况；了解专业人才培养目标与学校人才培养总目标及其对社会需求的适应情况；了解师资队伍的结构和发展趋势，了解专业实验室、实习基地以及专业图书文献资料等教

学条件能否满足教学需要；了解教学管理的规范性；了解教师在教学内容、教学方法、教学手段以及考核方式等方面的改革所采取的措施和取得的成效；了解教学规章制度的建设与执行情况；了解人才培养质量以及专业的社会认可度。开展专业评估为学校进一步优化学科专业结构，合理配置教育教学资源，加强宏观调控和进行科学决策提供依据，促进学校各项事业协调发展；同时，促进二级学院主动关心专业学科、师资队伍、课程以及教学条件等方面的建设，深化教学改革，形成专业特色，全面提升人才培养质量。

二、校内专业评估常规流程

校内专业根据《本科专业评估指标体系与等级标准》开展自评工作，准备自评报告、状态数据表、支撑材料以及提供学生作业、实验报告、试卷和毕业论文（设计）等材料。具体来说，校内专业评估常规流程主要有以下几点：

（一）明确校内专业评估原则

校内专业评估坚持以"以评促建，以评促改，以评促管，评建结合，重在建设"的原则；坚持条件、过程、效果评价相结合的原则；坚持科学性、导向性、可测性原则；坚持定量和定性评价相结合的原则。

（二）现场考察程序

1.专家组成员听取专业负责人的专业自评情况汇报（汇报时间：15~20 分钟）。汇报采用 PPT 形式。汇报材料统一题为《××××专业建设情况总结》。

2.实地考察专业实验室、图书资料室等教学设施（用时约 30 分钟）。

3.集中评阅专业建设材料，抽检试卷、毕业论文（设计）等相关教学档案，并就有关问题答疑（用时约 40 分钟）。

4.分别召开专业教师、管理人员和学生代表座谈会（用时约 30 分钟）。

5.专家组在充分讨论、评议的基础上形成评审意见（用时约 30 分钟）。

6.专家组反馈评审意见和建议（用时约 30 分钟）。

7.二级学院领导作表态发言（用时约 10 分钟）。

（三）总结和整改

各专业对照专家提出的意见和建议，坚持问题导向，提出解决问题的方法，积极落实整改任务，确保整改取得实效，促进专业人才培养质量提升。

三、校内专业评估成效与不足

经过多次评估与改进，Y 城师范学院大部分专业规划方向明确、科学合理、措施得力；人才培养方案符合专业培养目标要求与社会需求，执行情况较好；课程教学大纲、实验教学大纲等教学文件完备；课程体系结构合理，较好地体现学生知识、能力、素质协调发展。专业师资队伍的专业背景、学历、学缘、年龄、职称等基本合理，师生比超过学校的平均数；专业负责人学术水平高，专业实验室配备完善，利用率高；规章制度完善，管理规范；实习基地稳定充足，专业图书资料数量足，能够满足教学需要；严格执行学校各项制度和教学工作规范，教学质量保障与监控体系健全；教学计划所列课程均能开设，落实情况好；优秀教材选用率高，实践类课程比例高。

学生的专业技能达到专业培养目标要求，学生成绩优良，学业素养较高，创新、创业能力培养颇有成效；教师对学生毕业论文的指导严格、细致、规范，学生所选题目既有一定的理论性又能结合社会需求，体现了人才培养的教学效果；生源数量充足，录取分数高，学生素质高；社会服务及文化传承创新方面表现优秀，社会反响好；用人单位对毕业生总体评价较高。

　　大部分专业坚持以人为本，落实民主参与，不断改善软、硬件条件，积极构建学生友好型学习环境。各专业在学校指导下建立常态化的教师、学生满意度调查反馈机制，及时将调查结果反馈给相关教师和管理人员，不断提高师生对专业建设的参与程度。师生对专业教学水平、教学基础条件、专业建设、教学及学生学习环境等各方面的满意度高，生源数量充足，质量较高。

　　因此，各专业应进一步落实学生中心的理念，了解学生对专业选择、课程学习以及自身发展的诉求，形成稳定的学生需求调研机制，支持学生的个性化发展。对毕业生的跟踪调查，除了用人单位外，可以增加对学生家长的调研，并将结果反馈到学校人才培养方案的修订、课程教学计划的制订等方面。积极组织学生参加各类学科竞赛，提高学生的专业技能，鼓励学生参加各类职业技能考核鉴定，组织学生积极参与科研实践活动和社会实践活动，全面提升学生的学业水平和综合素质；大力开展心理健康教育，完善咨询与服务体系，全面系统规划学生心理健康教育。

　　进一步完善人才培养方案，优化课程名称；进一步提高教学改革与研究水平。加大培育校本课程力度，建设高水平、高层次课程；丰富教研活动内容与形式；发展跨学科、跨专业研究，以地方文化为载体，培育高层次科研项目、教研项目、教材项目。改善教学设施，加大专业实习基地建设水平；增加实习基地数量；进一步丰富专业图书文献资料。

第四节 优秀课程评估

一、优秀课程评估实施方案

课程是教学计划的基本单元,是实现培养目标的主要媒介。课程教学是学校教学活动的基础,是实现培养目标和规格的最主要、最基本的途径。课程建设是学校教学基本建设的内容之一,是专业建设的基础和关键。课程建设评估是学校构建科学、完备的教学质量管理、监控、保障体系的重要组成部分。为进一步加大学校课程建设的力度,提高课程建设水平和人才培养质量,下文以Y城师范学院优秀课程评估实施方案为例,说明优秀课程评估方案的制定。

(一)评估原则

坚持"以评促建、以评促改、评建结合、重在建设"的原则;坚持科学性、导向性和可测性的原则;坚持定量考核与定性评价相结合的原则。

(二)评估指标体系

评估指标体系由五项一级指标、十六项二级指标、二十五项主要观测点组成。

(三)评估范围

凡列入学校教学计划的课程原则上都要进行课程建设并接受评估。

(四)评估程序

1.根据学校教学工作安排,确定评估时间;

2.凡参加课程建设评估的课程，由课程负责人提交课程建设评估申请；

3.各教学单位根据课程建设评估方案，对申报的课程进行自评，写出自评报告，并按要求准备有关材料；

4.学校组织专家对申报课程进行评估；

5.公布评估结果；

6.经验交流及整改。学校在课程建设评估结束后组织经验交流，对评估优秀的课程进行表彰，推广其经验；对评估不合格的课程令其限期整改。

（五）评估结论及标准

评估结论分为优秀、良好、合格、不合格四级，其标准如下：

优秀标准：二级指标全部达到 B 级及以上，其中重要性指标必须达到 A 级标准。

良好标准：二级指标部分达到 B 级及以上，其中重要性指标必须达到 A 级标准。

合格标准：二级指标全部达到 C 级及以上，其中重要性指标必须达到 A 级标准。

不合格标准：指标低于合格标准。

（六）具体方案

优秀课程评估的具体实施方案主要有一级指标、二级指标、主要观测点、评估内涵及标准等。

其中一级指标包括教学队伍、教学内容、教学条件、教学方法与手段和教学效果等。一级指标包含的二级指标、主要观测点、评估内涵和标准主要有以下内容：

1.教学队伍

（1）二级指标

课程负责人与主讲教师、教学梯队和教师风范。

（2）主要观测点

课程负责人与主讲教师：课程负责人与主讲教师。

教学梯队：队伍结构和师资培养情况。

教师风范：师德修养和敬业精神。

（3）评估内涵及标准

①课程负责人与主讲教师的评估内涵：课程负责人具有高级职称并承担本课程的教学任务；教学水平高、经验丰富、授课有特色、学术水平高。符合主讲教师资格的教师占比≥95%。

标准：课程负责人具有讲师职称或具有研究生学历，授课有一定特色。符合主讲教师资格的教师占比 70%~80%。

②教学梯队中队伍结构的评估内涵：结构合理，发展趋势良好；青年教师（≤35 周岁）中，取得硕士及以上学位的教师占比≥60%。

标准：结构合理，青年教师（≤35 周岁）中，取得硕士及以上学位的教师占比达 40%~50%。

③教学梯队中师资培养的评估内涵：有符合课程建设规划、目标明确的师资建设规划和培养计划，措施得力，效果明显。

标准：有中青年教师培养的规划和具体措施，执行情况较好。

④教师风范中师德修养和敬业精神的评估内涵：教师严格履行岗位职责，为人师表、从严执教、教书育人；遵守教学纪律，无教学事故；具有良好的团结协作精神。

标准：教师履行岗位职责，从严执教、教书育人；无严重教学事故；有较好团结协作精神。

2.教学内容

（1）二级指标

课程目标与教学大纲、课程改革、课堂教学和实践教学。

（2）主要观测点

课程目标与教学大纲：课程目标定位和教学大纲。

课程改革：改革思路、规划与具体措施；课程改革的研究课题、获奖情况。

课堂教学：课堂教学情况。

实践教学：实践教学、实验室的管理与利用、实验内容；综合性、设计性实验；实验开出率。

（3）评估内涵及标准

①课程目标与教学大纲中课程目标定位的评估内涵：课程目标定位恰当，体现培养目标。

标准：课程目标定位较为恰当。

②课程目标与教学大纲中教学大纲的评估内涵：教学大纲符合培养目标要求，目的明确，反映学科前沿，执行严格。

标准：有符合培养目标要求的教学大纲；执行有操作性。

③课程改革中改革思路、规划与具体措施的评估内涵：课程改革的思路清晰、体现现代教育思想，目标明确、有规划、有措施。

标准：课程改革有目标、有措施、有总结。

④课程改革中课程改革的研究课题、获奖情况的评估内涵：课程负责人主持校级及以上立项的教改课题；有改革成果（方案、论文、报告、实践成果）或者获得校级及以上奖励。

标准：课程负责人参与校级立项的教改课题；有改革成果（方案、论文、报告、实践成果）或者获得校级奖励。

⑤课堂教学中课堂教学情况的评估内涵：知识阐述、原理分析严密科学，合乎逻辑；理论联系实际，能引入学科前沿知识；信息量大，按教学进度授课；

按要求布置作业并及时批改。

标准：内容准确、逻辑合理；有一定的信息量，基本符合教学进度，有一定量的作业要求。

⑥实践教学中课程实践的评估内涵：系统设计实践教学活动，培养学生理论与实际相结合及创新能力。

标准：注重学生能力培养。

⑦实践教学中实验室的管理与利用的评估内涵：有完善的实验管理制度，教学实验设备完好，并能满足实验要求，实验室利用率高。

标准：有实验管理制度，教学实验设备基本完好，基本上能满足实验要求，实验室利用率较高。

⑧实践教学中实验内容的评估内涵：实验内容符合教学大纲要求，注重理论与实践相结合。

标准：实验内容有一定更新，注重理论与实践相结合。

⑨实践教学中综合性、设计性实验的评估内涵：综合性、设计性实验项目占课程实验项目的比例≥30%，效果好。

标准：有综合性、设计性实验，效果良好。

⑩实践教学中实验开出率的评估内涵：根据课程教学大纲要求，实验开出率为100%；效果好。

标准：根据课程教学大纲要求，实验开出率≥90%，实验有效果。

3.教学条件

（1）二级指标

教材建设与选用、实践教学条件和网络教学环境。

（2）主要观测点

教材建设与选用：教材建设、教学参考资料及教学文件。

实践教学条件：实践教学环境的先进性与开放性。

网络教学环境：网络资源建设、网络教学硬件环境和软件环境。

（3）评估内涵及标准

①教材建设与选用中教材建设的评估内涵：选用优秀教材。使用效果好。

标准：选用符合教学大纲要求和培养目标要求的教材，或采用自编教材，使用效果较好。

②教材建设与选用中教学参考资料及教学文件的评估内涵：有一定数量的与本学科相关的参考书或资料；有学校规定的课程建设完整文件。

标准：有教学参考资料；课程建设文件基本齐全。

③实践教学条件中实践教学环节的先进性与开放性的评估内涵：实践教学环节和设备能够满足教学要求；能够进行开放式教学，效果明显。

标准：实践教学环节和设备能够基本满足教学要求；能够进行开放式教学，其教学效果明显。

④网络教学环境中网络资源建设、网络教学硬件环境和软件资源的评估内涵：网络教学资源满足课程的教学需要，能经常保持更新；使用效果好。

标准：网络教学资源能基本满足本课程的教学需要，并能经常保持更新。

4.教学方法与手段

（1）二级指标

教学方法、教学手段和考试改革。

（2）主要观测点

教学方法：教学方法创新与改革。

教学手段：多媒体教学条件。

考试改革：考试内容、考试方法与手段和考试评价。

（3）评估内涵及标准

①教学方法中教学方法创新与改革的评估内涵：教学理念先进；采用与教学内容相适应的教学方法，充分调动学生的学习积极性。

标准：教学有一定启发性，注意调动学生的学习积极性。

②教学手段中多媒体教学条件的评估内涵：有使用多功能、多媒体等教育

技术的教学资料（课件、录音、录像等）；能配合教学需要，充分运用计算机辅助教学（CAI）等现代化教学手段进行教学；使用多媒体授课的课时比例达到20%以上。

标准：有相应的教学媒体，以及多媒体等教育技术和教学资料（课件、录音、录像等）；能配合教学需要，充分采用直观的教学手段，如挂图、模型、实物、幻灯、投影、演示实验等。

③考试改革中考试内容的评估内涵：命题符合大纲要求；试题的难度、区分度合理；注重对学生学习能力的考核。

标准：命题符合大纲要求，难易程度适中。

④考试改革中考试方法与手段的评估内涵：采取多种形式检查学生的学习能力与学习效果，积极进行考试方法改革和探索，采用试卷（题）库，实行教考分离。

标准：采用考查范围、难度、题量基本一致的两套试卷（AB卷）考核。

⑤考试改革中考试评价的评估内涵：考核方法科学合理；评分过程严谨、规范；试卷分析中肯、翔实，考核结果正常，考核材料齐全；在近三年的试卷检查中未被通报批评。

标准：考核办法合理，评分过程规范、合理、评分基本准确，有试卷分析。

5.教学效果

（1）二级指标

同行评价、学生评价和督导评价。

（2）主要观测点

同行评价：同行专家的评价。

学生评价：学生的评价。

督导评价：督导的评价。

（3）评估内涵及标准

①同行专家评价的评估内涵：同行教师对该课程的教学评价结果为优秀。

标准：同行教师对该课程的教学评价结果为合格。

②学生评价的评估内涵：学生问卷调查满意率≥85%。授课质量网上测评系统中学生对课程教学效果评价平均分达 85 分。

标准：学生问卷调查满意率在 60%～70%；授课质量网上测评系统中学生对课程教学效果评价平均分在 60～70 分。

③督导评价的评估内涵：教师授课优良率≥90%。

标准：教师授课优良率在 60%～70%。

二、优秀课程评估的意义

课程建设是学校教学基本建设的内容之一，是专业建设的基础和关键，是提高教学质量、实现人才培养目标的重要手段。开展课程建设评估是学校自我评估的主要形式之一，是学校构建科学、完备的教学质量保障体系的重要组成部分。凡列入专业人才培养方案的必修课程都应接受课程评估。

通过课程评估逐步建立课程负责人制度，形成结构合理、具有较高的师德修养和敬业精神的教师队伍；教学内容符合专业培养目标，反映学科前沿，教师积极参加课程教学改革，进行教学方法创新、教学手段更新以及考核方式的多样化；加强课程资源建设，形成完整、规范的教学制度，进一步提高课堂教学质量。

课程评估原则上每年举行一次。对评估优秀的课程，学校将进行表彰，给予一定的经济奖励；对评估不合格的课程，限期一年进行整改，整改结束后，课程所在二级学院组织专家进行复评；整改期间，课程组成员和课程所在教学单位不得参加当年学校或上级教学类奖项评选。二级学院要高度重视课程评估工作，通过课程建设与评估，逐步形成合格课程、优秀课程和精品课程的建设序列。

第三章 地方师范院校数据与监控体系构建

第一节 常态数据监测将评估落到实处

随着知识化、信息化时代的到来，依托国家高等教育质量监测平台采集填报的本科教学状态数据已成为高校教学质量的常态化监测手段之一，也成为高校教学管理的常规业务之一。通过以现代信息技术为主，对填报数据进行科学分析，能够真实有效地反映高校教学运行状况，了解高校教育教学实时状态，为高校进一步发展决策提供有力的客观依据，推动高等教育内涵式发展，完善地方高校教学质量保障体系，提高教学质量，提高人才培养质量。

师范院校的职能部门负责本科教学基本状态数据库日常管理、维护和信息的采集与发布工作，建立起学校年度教学状态数据的统计与发布机制。本科教学基本状态数据涉及全校多个部门，学校明确数据采集规范、真实的要求，在规定时间内报送。通过定期向校内外发布状态数据，促进学校领导及相关职能部门管理和决策的科学化，便于掌握学校教学工作的宏观运行状态；可以提高评估实效，形成常态监控机制，同时信息的公开，可以接受社会监督。

一、高等教育质量监测国家数据平台使用现状

高等教育质量监测国家数据平台，主要有"数据填报"与"分析与利用"两大功能，分别为两个独立设置又相互关联的系统。"数据填报"主要分为七个模块。通过填报数据，学校相关人员可以对学校的办学情况进行全面详细的了解。其涵盖基本信息、基本条件、教师信息、学科专业、学生信息、人才培养、教学管理与质量监控等七个常规主题，部分高校还设有师范类专业、工科专业、医学专业等三个主题，从不同层面，不同角度采集本科教学基本状态数据，实施教学质量常态化监测。采集过程中同步教学质量监控与评价，强化高校教学管理。在数据管理和建设的过程中，分别从质量标准、质量监控、质量评估和质量反馈等几个方面推进本科教学质量评价和持续改进体系的建设。其具体填报内容如下：

本科教学基本状态的第一部分填报学校基本信息，从整体上掌握学校的信息，对高校相关的党政单位、教学科研单位、专业基本情况、专业大类情况、教职工信息、外聘及兼职教师基本信息进行基本梳理，准确把握学校的发展动态。

本科教学基本状态的第二部分主要统计学校的教学资源培养，占地面积与建筑面积、教学资源与使用情况、教学科研条件及实验设备、图书与资料情况、校园网络、校外实习、实训基地、固定资产等十几个数据。

本科教学基本状态的第三部分主要采集相关人员信息，对教师的一些基本情况及科研能力进行了解。

本科教学基本状态的第四部分主要采集学科建设方面信息，包括一流学科建设、一流专业情况，博士点、硕士点建设等相关信息。

本科教学基本状态的第五部分是体现教学运行情况。教学工作是高校工作的重心，对教学工作数据的填报，一定要注重科学性、准确性、及时性、有效性。

本科教学基本状态的第六部分主要了解全校学生的具体情况。高校可通过

填报数据，对学校各大类学生进行详细统计，从而对学生的相关信息进行摸底调查。

本科教学基本状态的第七部分则是对学校的教学质量进行了解，尤其是设置教学质量评估统计因素，对于学生评教、督导评教情况做相应统计，旨在进一步了解高校教学质量保障体系的基本建设。

针对开设师范专业及医学专业的高校，国家数据平台特别开设了师范类专业情况补充表，其主要有师资队伍、教学资源、教师教育、竞赛奖励及学生情况等十几个监测点；开办医学相关专业的高校则需要填报医科类七个监测点、临床类三个监测点、中医类一个监测点、中药类两个监测点、口腔类一个监测点、药学类一个监测点、护理类两个监测点的相关数据。

平台的基本统计指标说明了统计时间分为时期数和时点数，时期数又分为自然年和学年。

高等教育质量监测国家数据平台的"分析与应用"系统，是数据平台构建的核心关键。当所有的数据填报后，"分析与应用"系统依托数据统计功能，以高校所填报的各项数据为基本条件，对高校核心办学指标做统计与分析；直观显示本科生人数、本科专业总数、师生比等重要内容，并显示在主页面。同时，对学校的师资队伍建设情况、专业发展建设情况、教学日常运行情况、学生发展等情况进行科学有据的分析与梳理，系统可提供高校年度质量报告及数据分析报告。报告从多角度显示高校年度教学质量运行的基本状态，真实反馈高校教育教学质量运行情况，也为高校提供了客观科学的质量监测途径及审核评估的数据支持，高校可依据系统内部生成的质量报告及状态分析报告，进行自检自查。"分析与应用"系统通过对数据的有效整合，为高校教学质量的提高，教学质量保障体系的完善提供决策性依据。高校通过梳理分析其中存在的问题，找出问题成因，并提出相应的改进策略，从而进一步提升教育教学水平，提高人才培养质量。

学校在数据的基础上编制的本科教学质量报告，既客观反映学校实际情况，紧扣本科教学工作，强化学生主体地位，分析教学基本状况，突出教学改革亮点、成就和经验，又准确把握存在的问题，产生的原因以及改进方法等，全面展示人才培养状况和教学质量现状。

二、本科教学基本状态数据采集工作存在的问题及对策

（一）工作速度缓慢

本科教学基本状态数据采集填报工作时间紧，任务重，而在高校实际的采集填报过程中，出于各种主客观因素，本科教学基本状态数据填报工作往往存在采集速度较为缓慢，采集过程复杂烦琐，牵头部门工作人员进行相关数据填报耗时、耗力等问题。由于高校信息化建设还不够完善，大部分工作是由学校各部门、学院的工作人员进行人工填报采集。在工作过程中，往往存在因为层级通知而导致数据填报格式错误和反复提交，因为涉及的工作人员较多，且分散于各部门，存在因对指标体系内涵理解不到位，数据被反复退回和修正、重复提交等现象，导致填报信息的时间延长。人工采集数据过程中，人工干扰因素始终存在。七个部分的常规基础表格一般有 80 多张。开设师范类专业、医学相关专业的本科高校则需另外填报十几个监测点数据。高等教育质量监测为做到有效整合，真实反馈，表格内容涉及学校的各层各级、方方面面，不仅需要高校行政部门的参与，且填报工作需要二级学院配合，这导致采集过程复杂。且每一个监测点的表格在系统内进行任务分配时，只有一个账号，这涉及部门之间协同分工填报的问题，因此需要分工负责的部门协调，整合统一后填报，也会导致填报工作的时效性不高；而且在全校范围内，跨学院、跨部门的对接合作，还会对数据填报的准确性产生一定影响。高校为了保障数据填报的准确性，导致工作速度放缓。

针对填报过程中存在的问题，高校应加强校内数据共享措施的制定。在布置工作任务时，首先考虑到任务完成的时间节点，根据监测点不同的难度系数及工作量进行计算，设置不同的完成时间；同时，考虑到部分监测点需要多部门、学院协同合作，应在分解任务时就加以注明。学校应加强对本科教学基本状态数据填报相关工作人员的业务培训，逐一解读填报指标内涵，对填报过程中的重难点进行细化解读；并且，要求各负责部门、学院在逐级通知的基础上，注重对数据填报基本质量的管理，确保填报过程中不出现低级错误，减少不必要的填报重复次数，节约工作时间。在系统进行任务分配时，可以考虑通过开通不同管理权限，实现多用户操作的方式，使互相合作填报的行政部门、二级学院之间建立数据共享，减少沟通的时间成本，避免重复采集填报，尽可能发挥数据采集功能。

（二）重视程度不够

高校部分行政部门及二级学院，存在对本科教学基本状态数据采集工作重视程度不够的问题，缺乏填报工作应有的规范意识、协同联动的统筹意识；考虑到各部门、学院都有各自本职工作，虽然在填报过程中，高校往往要求部门"一把手负责制"，对数据填报工作人员的采集信息进行审核，并确定后上报。

然而，在实际操作环节，可能存在领导及工作人员重视程度不够，存在对应上报的数据理解认识不到位，对数据之间的互相关联的思考程度不够深入等现象。随着知识化、信息化时代的到来，高校高等教育质量平台的数据填报，已变成每年的例行工作；但是，部分职能部门与学院，并没有认识到教学基本状态数据对学校教育教学质量监测及教学质量改进的重要作用，在工作过程中存在重视程度不够的问题。而且，各部门、学院之间协作力度不够，沟通过程不够完善，工作人员由于对统计口径、指标体系各自存在不同的理解，导致填报数据缺乏统一性、完整性、准确性。高校在填报工作完成后，未做好与本单位旧年数据做纵向比对，与同年同层次高校数据做横向比对，未在各类比对中查漏补缺，寻找不足，更没有采取有效的改进措施，对数据平台的应用性、功能性使用也存在不完整的问题。

高校在实际工作中，要提高对本科教学基本状态数据库的常态监测功能的重视程度，科学合理地使用本科教学质量报告及年度数据状态分析报告，对其中所反映的教学基本状态的分析与统计功能加以研究，进一步完善高校信息化建设；工作中应明确填报的责任主体，确定各职能部门及二级学院的工作分工，各相关部门学院加强合作，协同联动，全面、系统、准确地进行数据采集工作。同时，加强对工作人员的理论培训，解读指标体系与内涵，制定统一的教学状态数据填报标准，避免出现重复填报、填报数据不一致等状况。并且进一步推进校园信息化建设，整合优化各自独立的教务管理系统、人事管理系统、学生工作系统、财务信息系统、图书资料管理系统、科技社科管理系统、各类网络教学平台中的教学运行数据，形成科学有据、逻辑清晰的信息整合与填报系统，充分利用科技化、信息化、数据化信息，打造高质量的教学状态运行体系。

三、高等教育质量监测工作在教学质量监控体系构建中发挥作用

把握质量管理、质量改进和质量文化的新内涵与新要求，了解新形势下教学质量保障体系的逻辑演变，多方位、多角度探索高校质量体系的理论框架；加强对教学运行各环节的规范管理，健全教学工作评估长效机制，完善教学质量保障体系，进一步推动教风、学风建设，促进高校教育教学水平和教学质量的全面提升，加强高校教学质量监控体系建设，提高人才培养质量。本科教学基本状态数据填报工作，以数据化的形式，客观、真实、完整、系统地呈现了高校年度教学基本状态，实际上是对高校教学运行情况的一次摸底检查。对填

报数据的一次分析，就是高校对年度教学状态的一次自我审视，也是一次珍贵的自我完善、自我整改的机会。

通过对本科基本教学状态数据的解读，高校对学校教学管理工作的方方面面进行自评、自纠、自查，对教学状态数据信息进行科学分析，深入挖掘数据之间的互相关联与内在联系，透过填报状态数据的逻辑表象，找出其现实困境背后的成因及其相关影响因素。例如，采集过程中各部门与学院的配合因素、数据填报的精准程度、数据结果的分析应用与共享程度，提出优化或解决措施，明晰发展路径，深度挖掘，客观分析，去伪存真，系统地查找教学运行状态中所存在的种种问题，查找教学发展中的薄弱环节，梳理产生问题的种种原因，并积极寻找优化策略，确定下一阶段教学工作的重点，完善相关管理制度。

高校可通过在"分析与应用"平台查询不同学院、不同专业在师资队伍构建、人才培养目标的制定、专业发展建设规划、教学资源保障及使用、学生各项发展情况等各教学运行过程方面的不同；同时也可通过查询往年数据，梳理高校教学运行工作近年的重点方向，分析教学运行的动态发展方向，检视高校、各部门、各学院及各专业的教学管理水平的进退，分析教学保障制度的实行情况与完善措施，为今后的教学工作明晰方向。高校也可通过与同类别、同层次学校的教学基本状态数据横向比较，了解其他高校的教学基本情况。

第二节　质量监测与问题的改进和解决

一、以监测推进改进

地方师范院校通过系统梳理教育现代化数据的填报工作经验及构建过程，分析教学工作的运行状况和教学质量，加强对单位教学状态数据的分析，充分发挥状态数据在学校自查、社会监督中的重要作用；分析学校构建数据的现实意义，为全面提高人才培养质量提供目标导向、制度保障和内在动力。强化学校在教育教学改革中的内涵建设能力，增强核心竞争力，争取更多的办学资源及机遇。

教育现代化监测，有助于高校加强教学监测的自律功能。传统的教学质量监测大多是教学行政管理部门作为监测人，这影响了质量监测的实际效果。因此，增强自律功能，使教学质量监测不仅成为教学行政管理部门实现教学管理的手段，而且也成为学校、教师和学生自我发展、自我完善的重要途径，是教学质量监测发展的必然趋势；并且帮助高校建立评价平台，完善学校的内外部质量监测机制，构建由内部评价和外部评价共同构成的完整教学质量评价系统。以内部评价作为质量保障的基础，不断加以完善；继续进行常规教学质量监测；重视外部评价，从提高评估过程中外部专家的介入力度，到吸纳更多的用人单位对教学评估的参与，以积极探索质量目标达成过程，根据培养目标和人才理念，建立科学、多样的评价标准，开展由政府、学校、家长及社会各方面参与的质量监测和评价活动。学校可以工作为契机，不断验证、完善平台的各项功能；强化数据填报人员、审核领导的培训工作，使相关人员能熟练掌握平台使用的基本要领，实现校内数据信息共享，强化教育现代化数据监测平台作为学校教学质量保障工作的技术支撑功能。

学校本科教学质量评价体系在不断完善与持续改进的过程中，通过教育现代化数据监测的填报及分析，发现日常工作中不易察觉到的教学管理各因素间的关联及所存在的问题。通过分析数据，寻找问题的成因及其改进措施，发现教学质量管理中的工作疏漏。进一步完善本科教学评价和持续改进体系，规范评价与反馈工作程序，形成运行、评价、反馈、改进的质量管理闭环，不断提高教学质量，完善体系建设，提高本科教学水平及人才培养质量。现代化数据中的每一个监测点，都是对学校办学情况的客观阐述，是对学校存在问题的诊断与预警。高校通过对此项工作的把握，将所填报采集的信息转化为教育管理过程中的监控信息，有力、有序地开展各项教育质量监控工作，从而不断提高教学质量，不断完善教学质量监控体系。

二、通过问卷调查实现质变

（一）高校人才培养模式满意度调查问卷

近年来，地方师范学院对本科专业人才培养方案进行了修订，其指导思想是进一步深化教育教学改革，提高人才培养质量，促进学校转型发展，强化学校地方性、应用型、开放式人才培养特色，围绕"六具有"人才培养目标，着力构建人文、科学、德育、美育相通的通识教育课程体系，优化"专业基础平台+专业方向模块"的专业课程体系，健全与理论教学体系相适应的实践教学体系，加强创新创业教育课程建设，强化学生专业技能和综合能力的培养。

下文以 Y 城师范学院为例，来具体说明。

共有 500 名学生参与 Y 城师范学院人才培养模式满意度调查。在人才培养模式满意度方面，总体满意度81.73%，问卷的12项内容中，8项超过平均值，满意度范围 77.8%～84.0%，学生总体满意。

（二）高校学生对教师的师德满意度调查

为进一步加强师德建设，Y 城师范学院着重抓好以下几方面：一是把提高思想政治素质作为首要任务；二是把立德树人作为根本要求；三是把正面引导作为师德建设的基本途径；四是把制度建设作为必要保障；五是把尊师重教作为重要主题。随着师德师风建设工作的扎实推进，学院涌现出了一批先进模范人物。

根据调查结果显示，教师的师德满意度平均得分 88.75%，学生总体满意度高。

（三）学生、社会对学校满意度调查

学生对学校的满意度不仅可以看出学生在校学习的态度和倾向，而且可以反映出学校相关工作的成绩和改进方向，从而促进学校发展，增强学校整体竞争力，同时实现学生受益、学校发展的双赢局面。

根据调查，学校满意度平均得分 89.92%。调查中，学生对学校后勤工作满意度较低，食堂伙食满意度 86.84%，住宿条件满意度 92.80%。今后，学校将进一步改进后勤服务工作，积极开展窗口服务，通过强化后勤集团管理、加强员工培训和监督等方式改进服务工作，进一步为学生提供更满意的后勤服务。

（四）学校对政府管理和服务满意度调查

本项调查样本数 20 个，调查对象分别为学校 10 个职能部门，以及二级学院专任教师 12 名。调查统计为满意度平均得分为 86.29%，满意度尚可，集中体现在教育经费政府投入、改善高校教师工资待遇、政府提供的高校学生资助体系、本地高等教育的整体发展水平等方面。

第三节　试卷分析及其整改

考试是高校检测学生的知识与能力、评价教师教学效果的基本手段之一。试卷质量既反映了教师教学质量和治学态度，也体现了学校的教学管理水平。试卷检查是高校教学质量监控的重要环节，是学校采取的一种带有监控性质的教学管理方式。高校应以本科教学工作审核评估为契机，提高试卷质量，每学期定期开展试卷检查活动，旨在加强教学质量规范化管理，全面深入了解教师授课质量状况及学生学习情况，及时发现、研究和解决试卷中存在的问题，保证教学质量。下文以 Y 城师范学院为例，说明试卷检查的相关问题。

一、试卷检查的方式及内容

（一）试卷检查的方式

Y 城师范学院一般采用以下两种方式进行试卷检查：一种是在每学期开学初，根据上一学期的课程设置，对全校上一学期的期末考试试卷进行抽查；一种是期末考试结束后，通知二级学院进行试卷自查并及时整改，再由教学管理部门组织督导组成员对全校的考试试卷进行全面检查。这两种检查方式，前者具有随机性，后者偏重普遍性。

1.学院自查。二级学院组织教师对期末考试课程试卷和教学情况记载簿进行全面自查，对发现的问题及时进行整改。

2.材料调阅。学校公布调阅试卷和教师教学情况记载簿清单，二级学院根据调阅清单，将有关材料收齐后提交至职能部门。

3.学校检查。学校组织人员对调阅试卷及教学情况记载簿进行检查，并记录检查情况。

4.情况反馈。学校汇总检查结果，形成检查通报，并将相关问题反馈至二级学院。

5.问题整改。二级学院根据学校检查反馈的问题，做好整改工作。

（二）试卷检查的内容

试卷检查的内容：主要包括制卷和命题、试卷批阅、合分和登分、参考答案及评分标准的制定、试卷分析等五个方面。

制卷和命题：主要检查试卷是否依照教学大纲要求制定；试卷是否把握难易程度，是否会造成学生平均分数过高或不及格率过高现象；题型分布是否合理；是否存在与上一学年试题重复率过高等问题。

试卷批阅：包括教师在批阅试卷过程中是否存在误判、漏判等情况，阅卷方式是否规范；试卷成绩修改处是否签名；试卷小题得分栏分数和统分栏分数是否一致等问题。

合分和登分：主要检查两个方面，一是教师在计算并誊写试卷分数时有无差错，是否造成学生应得分数与实际分数不符的情况；二是检查学生试卷卷面成绩、试卷成绩登记表与教务系统录入的成绩是否一致。

参考答案及评分标准制定：主要检查教师给出的参考答案是否正确合理，大分值的题目评分标准有无细化扣分点等问题。

试卷分析：从试卷分析中不仅可以看出本次试卷成绩是否呈正态分布，还可以通过教师撰写的分析报告了解教师对于本学期授课质量的自我评价。

二、试卷检查发现的常见问题

试卷检查常发现如下情况：试卷制卷不严谨，部分教师缺乏出卷经验，科学命题的能力欠佳；阅卷过程疏忽大意，存在一些显而易见的错误；试卷分数统计错误，部分教师由于工作较为马虎，在统计得分时出现差错；评分标准未细化扣分点；试卷分析内容简单；试卷装订随意，阅办卡填写不准确等各类情况。具体问题如下：

（一）试卷制卷不严谨

部分教师在制定期末试卷时，由于缺乏责任心，经常参考上一年度同课程的试卷，造成试卷题目重复率过高；还有一部分教师缺乏出卷经验，科学命题的能力欠佳，在出卷过程中一味地出基础题或是难度较高的题目，造成等级不科学现象的出现；还有部分文科教师忽视校方对命题制卷提出的要求，随意更改题型并缩减题型数量。

（二）阅卷疏忽大意

在试卷检查过程中发现，有一部分教师在批阅试卷过程中存在基本性错误，而造成这些错误的主要原因是教师未仔细批阅，事后没有认真检查。经常有教师存在漏判、误判的现象。例如，某一大题下有若干小题，教师在批阅过程中只对其中的几道小题做了批阅标识，余下的题目既不判对，也不判错，不做任何批阅。

（三）试卷分数统计错误

部分教师由于工作较为马虎，在统计小题分数时出现差错，或是小题得分栏填写正确，试卷总分栏却填写错误，最终导致学生应得成绩与实际成绩不符的情况；还有一部分教师在填写试卷成绩登记表或将学生成绩录入教务系统时出现差错，导致学生卷面成绩、试卷成绩登记表成绩、教务系统成绩三者出现不一致的情况。

（四）评分标准未细化扣分点

教师应依据校方的试卷检查要求，设置参考答案的评分标准，计算题、简答题、论述题、案例分析题等题型考查的知识点较多，学生对题目的回答内容较为丰富。

（五）试卷分析内容简单

教师所提供的试卷分析，不仅可直观反映本次考试质量的高低，而且是教师对待此次考试工作态度的具象体现。教师在进行试卷分析时，须结合学情、教情分析本次考试状态及成因，并提出改进措施。部分教师简单填写各个分数段的学生人数并由此画出成绩分布图，分析原因。在学生考试成绩不理想时，部分教师仅强调学生学习积极性不高等客观原因，没有提出教学过程中所发现的问题，更没有强调自己在教学中存在的问题，缺乏对进一步改进教学方法与手段的思考。

（六）试卷装订随意，阅办卡填写不准确

部分教师不按校方要求的统一顺序对试卷进行装订，或不装订试卷；填写试卷附件材料敷衍，阅办卡未按要求填写考试内容的覆盖面；试卷封面班级名称与实际参考班级名称不一；试卷封面参考人数、考场情况记载卡参考人数与实际参考人数不一致等情况。

以上几个方面是试卷检查中比较常见的问题，是影响试卷水平的重要因素。教师需采取有效措施避免上述情况的发生。

三、试卷质量整改建议

试卷质量的提高需要学校层面的严格把控、教学管理部门认真负责、二级学院积极配合、广大教师的高度重视。

（一）学校进行全局把控

第一，加强考试及试卷质量管理工作，是促进教学改革和提高教学质量的重要措施。做好试卷质量管理工作，可以更好地了解学生的学习效果，了解教学中的薄弱环节，对学生、教师、教学管理者、学校意义重大。学校应高度重视试卷质量管理工作，加强对试卷质量的检查力度与监督管理，促进教学质量有效提高。

第二，建立健全科学有效的试卷检查制度。学校应制定科学的试卷管理制度，包括严把试卷命题关、认真组织好试卷评阅工作、严格进行试卷分析和要求制定试卷装订程序等，并要求二级学院及广大教师严格执行。

第三，制定与试卷检查结果相关的奖惩机制，并依照要求严格执行。

（二）职能部门做好整改工作

部门汇总整理由督导组提交的试卷检查反馈意见后，召集相关学院教学院长召开试卷检查整改会议，要求其对出现问题的试卷，在规定的时间内立即进行整改，并要求相关学院出具书面整改情况和改进措施的相关报告。对检查中出现问题的教师，要进行批评教育，特别是出现一些低级错误和经常出现问题的教师。对于试卷出现问题数量多、不规范试卷数量多的情况，教学管理部门须反省自身工作存在的问题，从教学管理做起，经常地、适时地对教师加强教育、提高要求，在面上提要求，在点上做工作，点面结合，表扬优秀，争取使试卷质量规范化工作走上新台阶。

（三）二级学院积极整改

二级学院对出现问题的教师，应进行个别交流，告知其试卷的问题的严重性，要求其在指定的期限内认真整改，对整改后的试卷再次进行检查，同时召开例会说明试卷工作中容易出现问题的地方，让每位教师都知道在试卷管理工作中各个环节都要一丝不苟。二级学院可通过调研或座谈形式，加强试卷工作各流程的监管力度。二级学院可由教研组集体命题，确定试卷难度及试题分量是否合理，专人负责核对参考答案及评分标准，确保正确无误。每门课程均安排流水阅卷工作小组，设置试卷核查三个步骤：自查、互查、抽查。发现问题及时整改，并将检查结果与个人评优挂钩，引起教师在思想上高度重视；明确装订顺序，由专人检查装订封面的填写是否正确。加强试卷分数统计监督，成绩登录上网时必须请其他教师交叉核对，确保无误。

（四）教师端正工作态度

试卷质量客观反映了教师的教学质量，教师可以通过考试来了解自身教学工作的优缺点，获得教学效果的反馈信息。因此，教师应高度重视试卷质量提升工作，端正试卷工作态度，不可存在敷衍心理或侥幸心理。教师在执行试卷工作时，应严格参照学校制定的试卷相关规范流程，严谨、科学、有效地完成试卷的各项工作。教师在试卷工作中，应加强责任意识，保持负责耐心的态度，事后应仔细检查有无疏漏之处，深入剖析原因，并积极提出改进措施，不可懈怠。

提高试卷质量是提高高校教学质量的一个有效途径，只有学校、教学管理部门、二级学院、教师四个方面加强认识，认真对待，共同努力，试卷质量才能得到逐步提高。

四、某学期试卷检查情况案例

Y师范学院组织检查组赴二级学院对XX学年学期期末考试所有课程考试试卷（计1062本）进行了专项检查。其具体内容如下：

（一）总体情况

本次试卷检查分两组同时进行，第一组检查了语言艺术学院、外国语学院、教育学院、数学科学学院、体育学院、信息科学与技术学院的506门课程试卷；第二组检查了位于新校区的经济学院、管理与社会学院、音乐与表演学院、美术学院、物理学院、信息学院、化学院、生命科学学院、药学院、资源环境学院、商学院的556门课程试卷，与以往检查相比，本次检查增加了试卷成绩与教务系统中成绩是否一致的项目。

从检查结果来看，大部分二级学院准备充分、材料齐全、试卷装订整齐、存档规范，对"命题、阅卷、复查、归档"等工作高度重视，关键环节落实到位、监管得力；大部分教师能够严格执行学校相关规定，试卷批阅、复核、装订等认真规范。材料科学学院、法学院、教育科学学院、信息科学与技术学院试卷检查整体情况相对较好。但在检查中也发现，有少数二级学院和教师，对试卷环节各个方面重视程度不够，部分教师未能严格执行《学校试卷管理规定》，工作不细心，甚至不负责任，敷衍了事，复核和检查人员未能尽职尽责，流于形式，存在走过场现象。

（二）主要问题

1.命题制卷

部分教师命题时未能较好地把握试卷难易度，少数试卷不及格率偏高。如表3-1所示：

表 3-1 命题制卷存在的问题

学院	班级	课程名称	不及格率
美术学院	211.b	中外美术史	93%
城市与测绘学院	201.x	房地产估价	69%
音乐与表演学院	204.b	西方音乐史	68%
数学科学学院	214.s	高等数学 C1.	52%
城市与测绘学院	211.h	海洋地质学	49%

2.试卷评阅

存在部分试卷改动较多、部分教师分数改动后未签全名、错误答案未批阅出、小题批阅未采用加分制，小题得分栏未填写等现象。如表 3-2 所示：

表 3-2 试卷评阅存在问题

学院	班级	课程名称	存在问题
语言艺术学院	213.h	文学概论	某学生试卷的第一项第二题第二空答错，阅卷未改出。
语言艺术学院	216.j	中国古代文学	试卷批阅采用加分制，学号 49 号的学生试卷中部分得分栏未填写。

续表

学院	班级	课程名称	存在问题
药学院	211.s	无机化学	2，7，8，20，15，21，27，29，30，33，34，44号学生试卷第四大题第4小题答错，打叉却未标记扣分；某学号学生试卷总分修改后，原错误的总分未划掉；学生10号试卷第三题全对，卷面标记扣1分。
资源环境学院	204.H	遥感应用	某学生试卷填空题应扣3分误写成扣7分。
信息科学学院	211.W	物联网通信	试卷中修改签名处多达56处。
商学院	203.k	旅游学	全班计30人，有21人总分改动；卷面分数改动处未签全名。

3.得分合分

61 本试卷有 105 处得分和合分错误，其中 10 分以内的 84 处，10 分以上的 21 处；得分合分错误最多达 18 分。如表3-3所示：

表3-3 得分合分存在问题

学院	班级	课程名称	存在问题
语言艺术学院	214.h	古代文学	某学生试卷第3题应得11分，实填写得20分，误差9分。
语言艺术学院	213.h	中国古代文学	某学生试卷第五大题合分错误，应得28分，实得24分，误差4分。
语言艺术学院	211.h	文学概论	某学生试卷简答题第2小题应扣6分，实扣4分，相差2分；某学生试卷54填空题应扣11分，实扣20分，多扣9分。

学院	班级	课程名称	存在问题
语言艺术学院	212.d	现代汉语	某学生试卷名词解释扣分不规范，其试卷第五类第7小题学生答案为"派生词"，参考答案为"附加"，在该处被判错；但其他班级此道试题全部判对。
语言艺术学院	212.d	中国古代文学	某学生试卷第五大题应得28分，实得18分，误差10分；26号学生试卷第四大题应得11分，实得9分，误差2分。
语言艺术学院	219.w	美术学	某学生简答题第1小题多扣1分；某学生试卷辨析题应扣2分，实扣3分；某学生试卷论述题第1小题应得7分，实得20分，相差13分。
语言艺术学院	219.m	文学概论	某学生试卷第三大题多扣10分，应得25分，实得15分；其卷面应得83分，实得73分。
语言艺术学院	218.d	电视编辑与节目制作	某学生试卷第五题应得20分，实得21分，多1分；某学生试卷第二题多扣1分，应扣4分，实扣5分；某学生试卷第5题多扣10分，应为24分，实得14分。
语言艺术学院	2110.d	中国现当代文学	某学生试卷第8小题应得33分，实得34分，少扣1分。
语言艺术学院	201.d	报刊编辑与电子排版	某学生试卷第2填空题应为4分，实为3分，误差1分。

续表

学院	班级	课程名称	存在问题
语言艺术学院	214.h	中国古代文学	某学生试卷卷面应得 69 分，实得 59 分，误差 10 分。
语言艺术学院	217.h	中国古代文学	某学生试卷一大题应扣 2 分，实扣 20 分，误差 18 分。
管理与社会学院	211.s	中国史学史	某学生试卷第三大题大小分不一致，相差 2 分，总分 20 分，扣 17 分，应得 3 分，实得 5 分；某学生试卷合分错误，多给 2 分，应为 93 分，实得 95 分；某学生试卷第三、四大题大小分不一致，分别相差 4 分、2 分，第三题名词解释总分 20 分，扣 16 分，应得 4 分，实得 5 分，第四简答题扣 9 分，应得 15 分，实得 21 分；某学生试卷合分错误，应为 88 分，实为 87 分，少 1 分。
外国语学院	212.d	综合英语	某学生试卷总分应为 59 分，实为 58 分，差 1 分；某学生试卷写作应得 10.5 分，实得 9.5 分，差 1 分；某学生试卷总分应为 65 分，实际 63 分，差 2 分。
外国语学院	218.d	英语阅读	某学生试卷得分不清楚；某学生试卷总得分应为 64 分，实际得 68 分，相差 4 分。
外国语学院	201.s	高级英语	某学生试卷IV得分应为 15 分，实为 21 分，相差 6 分。

续表

学院	班级	课程名称	存在问题
外国语学院	215.d	英语阅读	某学生试卷 part4 多扣 2 分。
外国语学院	201.n	高级英语	某学生试卷 part4 应扣 4 分，少扣 1 分；某学生试卷 PartⅣ应得 18 分，卷面登记为 19 分；某学生试卷 part3 应得 7 分，卷面登记为 8 分，相差 1 分。
外国语学院	201.n	语言学概论	某学生试卷填空题应得 10 分，实得 5 分，相差 5 分。
外国语学院	211.c	第二外语（英语）	某学生试卷听力理解应得 4 分，实得 21 分，相差 17 分。
外国语学院	212.c	朝鲜语 3	某学生试卷总分有误，应得 83 分，实得 89 分，误差 6 分。
外国语学院	211.e	第二外语（英语）	某学生试卷应得 54.5 分，实得 55.5 分；某学生试卷应得 85 分，实得 86 分；某学生试卷第四栏第 7 题、第 8 题未扣分；某学生试卷应扣 5.5 分，实扣 5 分；某学生试卷第一栏应扣 6 分实扣 5 分，第二栏应扣 20 分实扣 10 分，第三栏应扣 5.5 分实扣 5 分；某学生试卷第三栏部分题目未批；某学生试卷第三栏应扣 7 分，实扣 6.5 分。

续表

学院	班级	课程名称	存在问题
外国语学院	211.e	综合俄语	某学生试卷第10题少扣1分，应得21分，实得22分，总分应得94分，实得95分；某学生试卷第十题少扣1分，应得9.5分，实得10.5分；某学生总分应得46分，实得47分；某学生试卷第10题少给2分，应得11分，实得9分，总分应51分，实得49分。 　　某学生试卷第十大题多给0.5分，应得10分，实得10.5分；总分应得63.5分，实得64分。
外国语学院	201.e	翻译理论与实践	某学生试卷第三大题应得3.5分，实得6.5分。
外国语学院	211.y	综合英语	某学生试卷总分应为72.5分，实得72分，误差0.5分；某学生试卷总分57.5分，实得57分，相差0.5分；某学生试卷应得72分，实得71.5分，相差0.5分。
外国语学院	213.y	综合英语	某学生试卷第7大题扣分不一致，应得6.5分，实得8.5分，误差2分。
美术学院	201.j	设计管理与批评	某学生试卷第4题标扣4分，应扣3分，应得20分，实得19分。

学院	班级	课程名称	存在问题
美术学院	212.j	设计概论	某学生试卷第一大题扣6分，应扣4分，相差2分；某学生试卷总得分70分，应得88分，相差18分。
美术学院	203.j	设计管理与批评	某学生试卷得分为78分，应得76.5分，相差1.5分；某学生试卷得分为79分，实际应得78.5分；某学生试卷得分为66分，实际应为63.5分；某学生试卷得分为76分，实际应为75分。某学生试卷得分为45分，实际应为44.5分。
美术学院	205.j	设计管理与批评	某学生试卷第5题20分，应扣8分，应得12分，实得16分，多得4分。
数学科学学院	212.x	数学方法论	某学生试卷第三项记分有误，应得21分，实得20分，相差1分。
数学科学学院	211.	数学方法论	某学生试卷的解答题合分应为18分，实为17分，相差1分。
数学科学学院	212.c	高等数学B1.	某学生试卷计算题第2小题扣分错误，导致积分错误，应得25分，实得28分；某学生试卷计算题积分应得28分，实得29分，相差1分，应扣8分，实扣7分。
数学科学学院	211.1	高等数学C1.	某学生试卷第3题少得4分。

续表

学院	班级	课程名称	存在问题
数学科学学院	214.y	高等数学 B1.	某学生试卷总分应为 92 分，实为 93 分，合分差 1 分。
数学科学学院	211.t	高等代数 2.	某学生试卷解答题总分应 32 分，实得 35 分，相差 3 分；某学生试卷证明题合分应得 27 分，实际 28 分，相差 1 分。
数学科学学院	205.y	解题研究 1.	某学生试卷第二大题实得 28 分，应得 26 分。误差 2 分。
数学科学学院	218.x	教学方法论	某学生试卷解答题合分应为 18 分，实为 17 分，相差 1 分。
数学科学学院	216.d	高等数学 1.	某学生试卷第 2 题得分有误，少得 4 分，应得 31 分，实得 27 分；总分应为 55 分，实为 51 分。
数学科学学院	211.G	高等数学 B1.	某学生试卷填空题应得 8 分，实得为 6 分，相差 2 分。
数学科学学院	213.h	高等数学 B1.	某学生试卷第 3 项计算题应扣 28 分，实扣 21 分，误差 7 分；某学生试卷第 3 题第 2 题应扣 10 分，实扣 4 分，误差 6 分。
电气工程学院	201.d	数字信号处理	某学生试卷积分多 1 分，总分应得 52 分，实为 53 分，误差 1 分。
电气工程学院	202.d	高频电子线路	某学生试卷第 4 题问答题大小分不一致，差 3 分，总分 50 分，扣 21 分，应得 29 分，实得 32 分，误差 3 分。

续表

学院	班级	课程名称	存在问题
生命科学与技术学院	211.s	微生物学	某学生试卷四大题应得21分，实得15分，少6分，总分积分错误，得分栏21分，总分栏为15分。
药学院	211.z	生理学	某学生试卷卷面合分应为37.5分，错写成38.5分；误差1分；某学生卷面合分应为62.5分，实得57.5分，误差5分。
城市与测绘学院	203.h	房地产估价2.	某学生试卷第五题多给1分，得分栏10分，总得分栏11分，误差1分。
城市与测绘学院	202.h	城市地理学	某学生试卷第五大题应得18分，实得分19分，误差1分。
体育学院	211.x	人体解剖生理学	某学生试卷填空积分有误，应得8.5分，实得9.5分，误差1分。
体育学院	211.x	田径	某学生试卷第二项积分错误，应得15分。
体育学院	211.x	体操	某学生试卷第二类应扣6分，实扣5分；小题总分应得21分，实得20分，误差1分。
信息学院	202.x	数字图像处理技术	某学生试卷积分错误，应得60分，实得70分，误差10分。
商学院	203.H	经济法学	某学生试卷合分错误，小题得分栏37分，总得分栏35分，少2分；某学生试卷第二大题合分错误，小题得分栏4分，总得分栏6分，误差2分。

学院	班级	课程名称	存在问题
商学院	202.H	基础会计学	某学生试卷第四大题应扣 11 分，实扣 10 分，多 1 分；某学生试卷第四大题应扣 21 分，实扣 13 分，多 8 分；某学生试卷第四大题应扣 10 分，实扣 15 分，误差 5 分。
商学院	211.y	市场营销学	某学生试卷第二大题满分 20 分，扣 14 分，应得 6 分，实得 7 分，误差 1 分。
商学院	211.k	微观经济学	某学生试卷第五题计算题应得 33 分，实得 32 分；某学生试卷分值应为 29 分，实为 19 分，误差 10 分。
商学院	212.y	微观经济学	某学生试卷第五题应得 24 分，实得 21 分；某学生试卷第五题应得 21 分，实得 11 分，误差 10 分。
商学院	216.K	经济法学	某学生试卷第三大题合分错误，小题得分栏 20 分，总得分栏 19 分，误差 1 分。
商学院	212.s	消费者心理学	某学生试卷第二大题大小分不一致，应得 21.5 分，实得 11 分，相差 10.5 分。
商学院	211.s	消费者心理学	某学生试卷应得分为 85 分，实得为 75 分，少给 10 分。
商学院	211.v	饭店管理	某学生试卷应得 68.5 分，实得 79 分，误差 10.5 分。
商学院	213.D	基础会计学	某学生试卷第 4 题应为 33 分，实得 34 分，误差 1 分。

4.试卷分析

少数试卷分析缺乏对试卷覆盖面、难易度、区分度、学生知识点掌握程度情况等深入思考，缺少整体分析、总结及教学改进措施等，个别试卷分析表中百分比计算错误或表达不恰当。如表 3-4 所示：

表 3-4 试卷分析存在问题

学院	班级	课程名称	存在问题
管理与社会学院	211.s	行政管理学	与公共管理学试卷分析文字表述相同。
美术学院	211.j	设计概论	试卷分析过于简单（仅33个字）。
城市与测绘学院	201.x	地理信息系统	分析表中百分比欠妥，应为0.21%。
电气工程学院	202.d	电力电子技术	分析表中各分数段百分比计算错误，班级48人，各区段得分人数均以58人计算。

5.试卷装订

个别二级学院试卷未装订，少数试卷装订未按照 Y 城师范学院试卷管理规定。如表 3-5 所示：

表 3-5 试卷装订存在问题

学院	班级	课程名称	存在问题
语言艺术学院	218.w	外国文学	该班为45人，封面、成绩登记表上的人数与试卷不符。
外国语学院	213.y/214.y	翻译导论	考场情况记载表装订错误。
数学科学学院	211.t	解析几何	试卷封面、考场情况记载卡记录人数为45人，实际人数为50人。

续表

学院	班级	课程名称	存在问题
数学科学学院	211.c	高等数学 B1.	实考人数与试卷封面填写人数不符。
电气工程学院	202.w	电动力学	空白试卷不全，试卷 2 页只装订 1 页，缺 1 页。
商学院	211.y	管理学	试卷 50 号装订在 47 号之前。

6.成绩评定

平时成绩应客观反映学生的平时学习状况。本次检查中，普遍存在平时成绩偏高现象。如表 3-6 所示：

表 3-6　成绩评定存在问题

学院	班级	课程名称	存在问题
法学院	214.H	合同法	全班共 46 人，19 名学生的平时成绩为 100 分。
音乐与表演学院	212.D	基本乐理	全班 31 人中，29 人的平时成绩、期中成绩、期末成绩与总评成绩均为同一成绩。
音乐与表演学院	213.G	基本乐理	全班 47 人中，20 人的平时成绩、期中成绩、期末成绩与总评成绩均为同一成绩。
音乐与表演学院	211.D	基本乐理	全班 25 人中，21 人的平时成绩、期中成绩、期末成绩与总评成绩均为同一成绩。

学院	班级	课程名称	存在问题
音乐与表演学院	211.Y	多声部音乐分析与写作	全班 37 人的平时成绩、期中成绩、期末成绩与总评成绩均为同一成绩。
电气工程学院	201.W	光伏发电技术	全班 48 人，其中 38 人平时成绩、实验成绩、期末考试成绩完全一致。
城市与测绘学院	201.Z	房地产估价	学生平时成绩统一为 95 分，但 1 名学生为 98 分，该生试卷成绩 43 分，总评分 60 分。

7.成绩登录

共有 68 名教师在将学生成绩输入教学管理系统过程中出现错误，最多相差 37 分。如表 3-7 所示：

表 3-7 成绩登录存在问题

学院	班级	课程名称	学号	卷面成绩	教务管理系统成绩	相差分数
语言艺术学院	213.h	中国古代文学	05	61	60	+1
语言艺术学院	213.h	中国古代文学	21	58	21（试卷成绩登记表登记分数）	+37
语言艺术学院	206.s	秘书学概论	09	85	75	+10
语言艺术学院	212.d	现代汉语	15	88	89	-1
语言艺术学院	212.d	现代汉语	21	72	71	+1

续表

学院	班级	课程名称	学号	卷面成绩	教务管理系统成绩	相差分数
语言艺术学院	219.s	外国文学	45	58	55（试卷成绩登记表登记分数）	+3
语言艺术学院	213.s	古代汉语（1）	03	40	48	-8
语言艺术学院	2110.g	对外汉语教学概论	32	86	85（试卷成绩登记表登记分数）	+1
语言艺术学院	211.h	对外汉语教学概论	26	66	76	-10
语言艺术学院	211.h	对外汉语教学概论	3	74	64（试卷成绩登记表登记分数）	+10
语言艺术学院	218.d	中国古代文学	24	70	80（试卷成绩登记表登记分数）	-10
管理与社会学院	212.z	行政管理学	07	36	40	-4
管理与社会学院	212.l	外国档案管理学	21	79	77	+2

学院	班级	课程名称	学号	卷面成绩	教务管理系统成绩	相差分数
管理与社会学院	212.1	外国档案管理学	20	63	64	-1
管理与社会学院	212.1	外国档案管理学	16	60	62	-2
管理与社会学院	212.1	外国档案管理学	27	60	61	-1
管理与社会学院	212.1	外国档案管理学	30	60	65	-5
管理与社会学院	211.1	世界近代史	25	61	67	-6
管理与社会学院	211.s	中国史学史	47	38	52	-14
管理与社会学院	211.s	中国史学史	3	43	53	-10
管理与社会学院	211.z	公共政策学	32	71	70	+1
管理与社会学院	201.s	世界当代史	20	80	70	+10
外国语学院	215.y	英语阅读1	02	92	94	-2
外国语学院	214.y	英语阅读3	26	79	80	-1
外国语学院	212.c	第二外语（英语I）	21	67.5	69.5	-2

续表

学院	班级	课程名称	学号	卷面成绩	教务管理系统成绩	相差分数
外国语学院	212.c	第二外语（英语Ⅰ）	15	77	78	-1
外国语学院	212.c	第二外语（英语Ⅰ）	21	67.5	69.5	-2
外国语学院	212.c	第二外语（英语Ⅰ）	35	81.5	83.5	-2
外国语学院	212.c	第二外语（英语Ⅰ）	20	44	46	-2
外国语学院	212.c	第二外语（英语Ⅰ）	34	44	46	-2
外国语学院	211.c	朝鲜语听力	51	70	80	-10
音乐与表演学院	204.b	中国民族音乐	04	58	53	+5
音乐与表演学院	215.b	基本乐理	42	62	68	-6
音乐与表演学院	211.y	多声部音乐分析与写作2.	32	78	72	+6
音乐与表演学院	212.y	乐理与视唱练耳1.	16	87.5	86	+1.5
美术学院	211.h	设计学（含美学基本原理）	34	65	74	-9
美术学院	211.s	中国美术史	32	76	74	+2

学院	班级	课程名称	学号	卷面成绩	教务管理系统成绩	相差分数
美术学院	201.d	设计管理与批评	32	96	86	+10
美术学院	212.h	设计概论	48	66	76	-10
美术学院	203.y	设计管理与批评	32	45	65	-20
数学科学学院	212.x	高等数学 A1	02	95	96	-1
数学科学学院	212.x	高等数学 A1	21	65	66	-1
数学科学学院	212.x	高等数学 A1	15	95	96	-1
数学科学学院	211.x	概率论	32	66	76	-10
数学科学学院	204.s	解题研究（1）	36	93	76	+17
电气工程学院	201.d	数字信处理	42	54	55	-1
电气工程学院	211.w	力学	32	65	68	-3
电气工程学院	201.w	电力系统分析	02	73	71	+2

学院	班级	课程名称	学号	卷面成绩	教务管理系统成绩	相差分数
电气工程学院	201.w	电力系统分析	16	72	71	+1
电气工程学院	201.w	电力系统分析	21	98	99	-1
电气工程学院	211.w	电路分析	17	81	85	-4
电气工程学院	211.w	电路分析	20	82	90	-8
生命科学与技术学院	203.H	细胞工程	34	74	76	-2
生命科学与技术学院	203.H	细胞工程	32	75	81	-6
生命科学与技术学院	203.H	细胞工程	54	77	59	+18
生命科学与技术学院	201.w	遗传学	21	91	81	+10
生命科学与技术学院	211.w	微生物学	10	65	62	+3
生命科学与技术学院	201.w	细胞工程	07	85	56	+29
药学院	211.w	生物化学	18	68	69	-1
城市与测绘学院	204.H	城市详细规划设计	20	72	74	-2

学院	班级	课程名称	学号	卷面成绩	教务管理系统成绩	相差分数
城市与测绘学院	204.H	城市详细规划设计	18	73	72	+1
城市与测绘学院	202.z	城市详细规划设计	26	88	83	+5
城市与测绘学院	202.s	城市详细规划设计	15	74	84	-10
城市与测绘学院	203.z	土地类型与土地评价	26	87	82	+5
城市与测绘学院	203.z	城市地理信息系统	15	53	57	-4
城市与测绘学院	211.h	海洋管理概论	20	71	73（试卷成绩登记表登记分数）	-2
城市与测绘学院	211.r	地理信息系统	10	95	96	-1
城市与测绘学院	211.d	城市地理信息系统	25	64	57	+7
商学院	201.k	公司战略与风险管理	11	91	90	+1
商学院	201.g	国际商法	27	76	71	+5
商学院	201.g	国际商法	教务系统成绩学号33—42，45—60成绩登记错位。			

续表

学院	班级	课程名称	学号	卷面成绩	教务管理系统成绩	相差分数
商学院	211.s	统计学	试卷成绩登记表从学号 21—32 成绩登记错位。			
商学院	206.H	高级财务会计	10	59	57	+2
商学院	212.k	经济法学	08	52	56	-4
商学院	212.y	微观经济学	10	60	52	+8
商学院	201.s	客户关系管理	28	67	53	+14
商学院	201.s	客户关系管理	29	83	55	+28
商学院	201.s	客户关系管理	21	73	54	+19
商学院	211.s	管理学	02	53	63	-10
商学院	203.s	经济法学	35	63	75	-12
商学院	203.s	经济法学	10	75	61	+14
商学院	203.s	经济法学	24	61	62	-1

（三）改正方法

课程考试是高校评估学生学习成绩、检验教师教学效果的主要形式。为充分发挥课程考试的测量、诊断、反馈和激励功能。对其改正的方法主要有以下几个：

严把试卷命题质量关。试卷质量是考试取得成功的基础，二级学院要进一步加强对试卷命题的宣传、指导和培训工作，包括命题内容是教学大纲规定的范围，考查取样要有代表性，覆盖面要大；要注意考查学生的基础知识、基本理论和基本技能，同时要注重考查学生的综合分析、理解和运用所学知识的能力；注意题目的难易搭配、题型多样；试卷中的文字、插图等必须工整、清楚、准确；认真校对，避免出现错漏，严格审核。

进一步提高试卷评阅的规范性。试卷一律用红色签字笔评阅，评阅时如有改动的，阅卷教师须在改动处签名；每道试题都要有对或错的标记（√或×），并在指定的位置写明该题的分数；不得出现正负分混用的情况；一般在每小题的右侧标扣分，每小题的得分累加后得出每道大题的得分，将得分写在该题的得分栏内，并记在试卷首页的得分栏中；每道大题的得分和卷面实际所得总分的计算要准确无误。

加强平时成绩评定的科学性。平时成绩表中对各项成绩来源必须注明，评定的方法以及各项成绩的权重必须明确，平时成绩与考试成绩之间必须有一定的相关性。

进一步提高试卷分析质量。试卷分析是对试卷与考试的全面总结和评价，是对学生卷面出错率高的共性问题进行总结，对教学中应注意的问题提出详细、有针对性的改进措施，从而能指导教学工作。做好试卷分析有利于教师不断提高试卷命题质量和教学质量。试卷分析应该包括以下几个方面：一是分析试卷的编制形式和内容是否能够全面反映教学目标，是否符合教学大纲的要求，抽样选取的考查知识点样本能否有效代表课程知识点；二是分析题型、题量和试题难度的设计与选择是否恰当；三是分析学生考试成绩与学生平时成绩之间的相关性；四是对发现的问题提出改进措施。

（四）整改措施

试卷检查是教学规范化管理与质量监控的抓手，也是促进提高试卷命题质量和阅卷质量的重要举措，它对端正教风、规范管理、提高教学质量有着十分重要的意义。针对试卷检查的情况，各教学单位应对存在的问题予以高度重视，组织相关人员进行认真分析和总结，及时改正，并提交自查、自纠整改报告。

第四节　教考分离

一、教考分离的概念、内涵和意义

（一）教考分离的概念

教考分离是教育学术语，意为把教学和考试分开，任课教师不参与所任课程的考试，包括出题、监考、评卷、登分和试卷质量分析。强调严格按教学大纲教学，根据培养目标、教学目的、教学大纲，制定考核大纲，建立一套包括试题库、自动命题、阅卷、评分、考试分析、成绩管理等各种规章制度完备的考核管理系统。

（二）教考分离的内涵

相对于教考合一而言，教考分离有利于维护教学考核的公平、公正，有利于实现教学评价的科学、有效，有利于促进教风、学风的根本好转。教考分离使学生认识到，成绩的好坏取决于平时努力程度，取决于对所学知识掌握与理解水平的高低。

（三）教考分离的意义

教考分离能够使教师自觉地按照课程教学大纲和基本要求组织教学，从而注重教学研究，改进教学方法，以求获得良好的教学效果。同时从学生的角度看，教考分离能促使其树立正确的学习态度，努力学习并掌握课程的基本内容、重点内容，通过课程学习结束后的考试检验，从而形成重教、重学的良好氛围，不断提高教学质量。

实行教考分离也是规范教学工作和适应教学管理制度改革的需要。以教学大纲为依据进行教学和考核，统一命题、集体流水评卷的教考分离制度，有利于充分发挥考试在教学工作中的作用，使教学工作规范有序地进行。

下文以 Y 城师范学院的教考分离工作为例，来具体说明实施教考分离的方法和措施。

二、教考分离数据分析

为进一步促进教风、学风和考风建设，全面提升教学质量，Y 城师范学院组织实施教考分离工作。校级优秀课程原则上实施教考分离，职能部门根据二级学院统计的本学期开课的优秀课程，结合课程特点，与教务处和相关二级学院共同确定实施教考分离的课程。二级学院应对本学期所开课的优秀课程进行统计，并填写"优秀课程开课情况统计表"，送交职能部门；学校根据二级学院所提交的"优秀课程开课情况统计表"，对照开课计划进行核对，确定实施教考分离的课程。二级学院根据所确定的实施教考分离的课程，向职能部门送交以下材料：（1）课程教学大纲；（2）教材；（3）近2年该门课程期末考试试卷（样卷）。学校委托兄弟院校对实施教考分离的课程考试命题。学校对实施教考分离课程的试卷统一印刷、统一保管、专人负责，严防试卷泄密，保证教考分离的严肃性、客观性和公正性；教务处统一安排实施教考分离的课程的考试时间与考场。考试结束后，监考人员将试卷装订、密封，送交相关二级学院。二级学院负责阅卷工作，采取集中阅卷和流水阅卷的方式，根据命题教师所提供的参考答案和评分标准进行评分。阅卷结束后，二级学院要组织人员认真进行试卷复核工作；课程成绩评定可根据学校相关要求，结合学生平时成绩、期中考试成绩等综合评定。

教考分离课程考试结束后，二级学院根据考试情况进行总结分析，组织任课教师进行交流与探讨。考试结束后十天内课程负责人须撰写总结报告，报告内容包括对试卷的评价、各任课教师担任教学工作的班级成绩的比较情况、进一步改进教学方式、方法和对教考分离工作的实施方式提出的意见和建议等。总结报告和以班级为单位的试卷分析表一并送至职能部门。

二级学院高度重视教考分离工作，按照要求认真组织实施。学校有序推进教考分离工作，逐步扩大实施教考分离课程的范围和方式。通过教考分离工作，切实改进教学方法，加强教学研究，进一步提高教学效果和教学质量。

下面以某学期为例，说明教考分离的具体情况。

（一）基本情况

全校共有考试课程363门，采用教考分离的课程18门，其中17门课程为学校选定，1门课程为任课教师主动申报；有16门课程为校级优秀课程，涉及全校16个二级学院，55个班级共2405名学生。教考分离课程如表3-8所示：

表 3-8 教考分离课程一览表

序号	学院	课程名称	班级数	学生数
1	语言艺术学院	写作	8	415
2	法学院	科学社会主义理论与实践	2	76
3	管理与社会学院	行政管理学	2	92
4	外国语学院	综合英语（1）	6	181
5	音乐表演学院	曲式与作品分析	2	62
6	美术学院	设计美学（含美学基本原理）	5	166
7	教育科学学院	发展心理学	1	38
8	数学科学学院	常微分方程	2	90
9	数学科学学院	概率论	2	90
10	电气工程学院	电路分析	5	246
11	材料学院	化工原理（2）	2	97
12	生命科学与技术学院	细胞生物学	1	43
13	药学院	药物化学	1	51
14	城市与测绘学院	遥感应用	1	29
15	体育学院	体操（一）	2	82

序号	学院	课程名称	班级数	学生数
16	软件学院	面向对象程序设计（C++）	2	59
17	商学院	经济法学	6	319
18	商学院	管理学	5	269

（二）组织工作

Y 城师范学院的教考分离工作由职能部门组织实施。学校请兄弟院校教师对试卷命题，Y 城师范学院教务处组织考试，二级学院组织人员阅卷。为更好地把握命题的质量，职能部门向兄弟院校提供了各门课程的教学大纲、教材和近 2 年的期末考试试卷（样卷）。

（三）结果分析

教考分离课程学生成绩统计、教考分离课程成绩统计、教考分离课程学生成绩分布，教考分离课程平均分分布，如表 3-9、表 3-10、表 3-11、表 3-12 所示：

表 3-9 教考分离课程学生成绩统计表

（分班级按均分由高到低排列）

序号	课程名称	班级	学生数	题型（种）	分数段内学生数						平均分
					100	90~99.5	80~89.5	70~79.5	60~69.5	不及格	
1	写作	223.w	53	4	0	0	13	37	3	0	79.2

序号	课程名称	班级	学生数	题型（种）	分数段内学生数						平均分
					100	90~99.5	80~89.5	70~79.5	60~69.5	不及格	
2	电路分析	212.d	48	5	0	3	23	16	4	2	78.3
3	曲式与作品分析	203.b	31	4	0	1	16	9	4	1	78.2
4	曲式与作品分析	204.y	31	4	0	1	16	9	4	1	78.2
5	写作	221.w	55	4	0	1	18	35	1	0	77.7
6	写作	222.w	55	4	0	0	18	36	1	0	77.7
7	写作	227.w	51	4	0	0	13	36	2	0	76.7
8	电路分析	221.d	50	5	0	3	22	15	6	4	76.6
9	写作	223.w	50	4	0	0	12	32	6	0	76
10	发展心理学	211.j	38	5	0	3	13	12	7	3	75.7
11	写作	221.h	49	4	0	0	9	34	6	0	75.5
12	电路分析	223.d	50	5	0	7	14	13	11	5	75.3
13	科学社会主义理论与实践	201.s	39	5	0	0	7	26	6	0	75.1

续表

序号	课程名称	班级	学生数	题型（种）	分数段内学生数						平均分
					100	90~99.5	80~89.5	70~79.5	60~69.5	不及格	
14	细胞生物学	203.H	43	4	0	2	18	11	6	6	74.5
15	写作	221.m	52	4	0	0	12	29	11	0	74.4
16	写作	222.m	50	4	0	0	11	34	5	0	74.3
17	科学社会主义理论与实践	202.s	37	5	0	1	10	18	6	2	73.3
18	概率论	211.t	44	4	0	1	8	22	9	4	71.6
19	化工原理（2）	201.y	50	4	0	1	15	13	14	7	70.8
20	化工原理（2）	202.y	47	4	0	3	10	14	9	11	70.6
21	综合英语1	225.e	30	7	0	0	6	12	6	6	70.4
22	电路分析	211.d	49	5	0	3	12	15	8	11	70.4
23	概率论	211.y	46	4	0	0	7	20	15	4	69.7
24	药物化学	201.z	51	7	0	0	16	13	12	10	69.5
25	综合英语1	223.y	31	7	0	0	5	13	8	5	69.2

续表

序号	课程名称	班级	学生数	题型（种）	分数段内学生数						平均分
					100	90~99.5	80~89.5	70~79.5	60~69.5	不及格	
26	综合英语1	224.y	31	7	0	0	8	11	5	7	69
27	电路分析	222.d	49	5	0	3	9	16	11	10	69
28	管理学	222.y	52	4	0	0	7	20	14	11	69
29	管理学	221.y	51	4	0	0	6	21	15	9	67.7
30	设计美学（含美学基本原理）	212.h	34	5	0	0	1	15	12	6	66.7
31	遥感应用	211.d	29	5	0	0	2	7	14	6	65
32	设计美学（含美学基本原理）	211.h	34	5	0	0	1	6	23	4	64.7
33	综合英语1	226.y	30	7	0	0	7	8	6	9	64
34	综合英语1	222.y	31	7	0	0	4	7	7	13	63.6
35	面向对象程序设计（C++）	211.D	29	6	0	0	3	8	12	6	63.5
36	经济法学	213.k	49	5	0	0	0	14	16	19	63.2
37	综合英语1	221.y	30	7	0	0	3	6	10	11	63

续表

序号	课程名称	班级	学生数	题型（种）	分数段内学生数						平均分
					100	90~99.5	80~89.5	70~79.5	60~69.5	不及格	
38	面向对象程序设计（C++）	212.D	30	6	0	0	4	7	12	7	62.7
39	经济法学	216.k	59	5	0	0	0	6	24	29	59.5
40	设计美学（含美学基本原理）	211.c	35	5	0	0	0	1	16	18	59
41	管理学	221.k	57	4	0	0	0	7	24	26	58.9
42	经济法学	214.k	57	5	0	0	1	4	22	30	58.7
43	常微分方程	212.s	45	4	0	1	3	7	11	23	58.4
44	设计美学（含美学基本原理）	212.c	34	5	0	0	1	4	13	16	58
45	常微分方程	211.s	45	4	0	0	3	9	6	27	57.2
46	经济法学	211.k	59	5	0	0	1	3	18	37	56.9
47	管理学	221.x	50	4	0	0	5	8	8	29	56.9
48	经济法学	211.1	47	5	0	0	0	5	15	27	56.7
49	经济法学	212.1	48	5	0	0	0	2	12	34	56

续表

序号	课程名称	班级	学生数	题型（种）	分数段内学生数						平均分
					100	90~99.5	80~89.5	70~79.5	60~69.5	不及格	
50	设计美学（含美学基本原理）	213.D	29	5	0	0	0	1	14	14	55.5
51	行政管理学	211.x	49	6	0	0	0	7	15	27	54.9
52	行政管理学	212.x	43	6	0	0	2	4	11	26	54.8
53	管理学	232.k	59	4	0	0	0	10	28	21	52.3
54	体操（一）	131.v	37	5	0	0	0	1	1	35	41.2
55	体操（一）	132.v	45	5	0	0	0	0	1	44	23.1

表 3-10 教考分离课程成绩统计表

（分课程按平均分由高到低排列）

序号	学院	课程名称	学生数	平均分
1	音乐与表演学院	曲式与作品分析	62	78.2
2	语言艺术学院	写作	415	76.5
3	教育科学学院	发展心理学	38	75.7
4	生命科学与技术学院	细胞生物学	43	74.5

序号	学院	课程名称	学生数	平均分
5	法学院	科学社会主义理论与实践	76	74.2
6	电气工程学院	电路分析	246	73.9
7	材料科学学院	化工原理（2）	97	70.7
8	数学科学学院	概率论	90	70.6
9	药学院	药物化学	51	69.5
10	外国语学院	综合英语1	181	66.5
11	城市与测绘学院	遥感应用	29	65.0
12	软件学院	面向对象程序设计（C++）	59	63.1
13	美术学院	设计美学（含美学基本原理）	166	60.9
14	商学院	管理学	269	60.7
15	商学院	经济法学	319	58.5
16	数学科学学院	常微分方程	90	57.8
17	管理与社会学院	行政管理学	92	54.9
18	体育学院	体操（一）	82	31.3
合计			2405	65.7

表 3-11 教考分离课程学生成绩分布表

得分	100	90~99.5	80~89.5	70~79.5	60~69.5	不及格
学生数	0	33	388	757	564	663
百分比	0	1.37%	16.13%	31.48%	23.45%	27.57%

表 3-12 教考分离课程平均分分布统计表

平均分	100~90	89.5~80	79.5~70	69.5~60	59.5~50	49.5~40	40分以下	合计
课程门数	0	0	8	6	3	0	1	18
百分比	0	0	44.4%	33.3%	16.7%	0	5.6%	100%

结合上述表格来看,本次实施教考分离课程的 55 个班级平均分为 65.7 分,其中 25 个班级平均分在 60~75 分,占 50.9%;有 37 个班级平均分在 55~76 分,占 80%。一般而言,实施教考分离课程的合理平均分应在 60~75 分,这说明本次教考分离课程考试试卷难度把握得较好。

平均分偏低的有 2 个班级,分别为 23.1 和 41.2,课程为"体操(一)"。这一方面反映了该门课程考试的命题教师对 Y 城师范学院学生的基础知识水平把握欠佳;另一方面,这表明该门课程的任课教师还需研究如何紧扣教学大纲实施教学。

(四)改进措施

1.统一思想,提高认识

目前,Y 城师范学院实施教考分离课程的覆盖面还比较小,许多教学管理人员和任课教师以及学生对教考分离缺乏应有的认识与充分的准备。对于长期一直采用自我考核模式的任课教师和学生来说，教考分离对任课教师和学生的要求比较高。为使教学质量得到有效监控，提高课程教学质量，必须改革考试模式，加大实施教考分离力度，加大采用试卷库、试题库和外校出卷命题力度，扩大实施教考分离课程的覆盖面。

2.制定标准，加强指导

教考分离课程考试命题的主要依据是课程标准和教学大纲。因此，高校必须从人才培养目标出发，建立各门课程的课程标准，明确规定各门课程的教学目的、教学任务、教学内容，以及教学知识与技能的范围、体系结构、重点和难点，理论课和实验课的课时分配、教学进度、教学方法、学生应该掌握的程度等，便于学生课后的自习。同时，任课教师必须加强对学生学习方法的指导。

3.建立题库，保证质量

此次教考分离由外校教师命题，影响试卷质量的因素较多，建立适合本校实际情况的高质量试题库迫在眉睫。试题库既要符合教学大纲和课程标准，又要与人才培养目标相适应。因此，可以将原有的试题库更新扩容。

第四章　地方师范院校教学质量保障体系的完善

　　教学工作是高校的中心工作，不断提高教学质量，办人民满意的高等教育，是学校不懈追求的目标。教学质量保障体系的建设对教学质量保障是不可或缺的。教学质量保障体系是指学校以提高教学质量为目标，以办学投入为保障，以办学过程为核心，以学生学习为主体，以成果评价为载体的运行体系。其核心是要建立起满足学生对教育服务要求、满足社会对人才需求的教学制度。

　　教学质量保障体系由多个环节组成，因此其具有系统性和完整性，包括教育教学管理、师资培训、课程设置、学校文化建设、教学评价和监测等。其中，教育教学管理是教学质量保障体系的核心，它涵盖了教学计划、教学内容、教学方法、教学质量监控等方面；师资培训是保障教学质量的重要保障，它包括教师职业发展和技能提升等方面的培训；课程设置是教学质量保障的基础，它应当符合学科发展和满足学生需求，并考虑教育公平和可持续发展。

　　总之，教学质量保障体系是保障学生接受优质教育的重要措施，它需要从教育教学、师资队伍、课程设置、学校文化建设、教学评价和监测等方面进行全方位的管理与保障，以提升学生的综合素质和能力，促进教育公平和可持续发展。

　　下文以 Y 城师范学院教学质量保障体系建设为例，说明地方师范院校教学质量保障体系完善的方法。

第一节 健全规章制度与加强管理工作

一、评价机制运行现状

Y城师范学院建立了由决策机构、执行机构和评价机构组成的教学管理与质量保障的组织体系。在学校教学指导委员会和相关人员的领导下，形成教务处和职能部门"双轮驱动"，相关职能部门协同配合，各教学单位齐头并进的局面。学校教学主管部门负责落实各项教学活动，统筹安排全校教学运行工作；二级学院负责具体实施，同时设立作为评价机构的职能部门，负责对学校教学工作进行检查、评价、反馈和督导。

健全的规章制度是教学质量保障体系得以实施的基础，是规范一切教学活动的行为准则。近年来，学校坚持不断完善教学质量标准和管理制度，致力于通过制度约束和政策激励，推动教风和学风建设；通过对规章制度的"废改立"，建立和健全教学规章制度，形成了一系列突出教学中心地位、全面提高教学质量的政策和措施；完善了综合管理、教学基本建设管理、教学运行管理、实验和实践教学效果管理、教学质量管理等各个环节；形成了较为完整的教学质量保障体系，使整个教学管理工作有章可循、有据可依。

目前，Y城师范学院已基本形成教学管理人员、教师和学生等全员参与质量监控的良好氛围。不断加强校院两级教学管理队伍建设，结合学校管理岗位设置与干部队伍建设，配齐、配强教学管理队伍，不断提高其教学管理水平；不断加强教学质量监控与评价队伍建设，对教学质量保障制度的制定与执行进行全程监控；不断加强校院两级教学督导队伍建设，学校建立以二级学院为主的二级教学督导组织，各级教学督导组切实承担起督教、督学、督管的职责；

完善学生信息员制度，充分发挥学生在教学质量监控中的积极作用；进一步完善领导听课制度，建立领导、同行、督导组与专家听课和评课制度，加强课堂教学质量监控。通过"学生评教、教师评学"等活动，加强教学质量监控。充分发挥教学管理信息系统的功能，在每学期结束前组织学生网上评教；加强毕业生质量追踪队伍建设，依托校院两级毕业生就业管理队伍，通过毕业班问卷调查、毕业生追踪调查、用人单位反馈信息等方式，向学校教学管理、监控部门与学生所在学院提供反馈信息，为教学决策服务。

Y 城师范学院建立了完善的教学质量评价机制，包括教学常规检查、试卷和论文专项检查、评教、评学、实习检查、专业评估、课程评估、二级学院教学管理工作考核评估、教考分离、论文外审等；对学生入学到毕业的整个学习过程实施监控，确保人才培养质量，积极开展教学评价。在评教方面，主要有学生网上评教、本学院教师互评、领导测评和以督导组成员为主的专家测评等。学生网上评教活动在期末考试前开展，由学生通过网上评教系统，对本学期任课教师的教学态度、教学内容、教学方法、教学手段和教学效果等方面进行评价。同行互评、领导测评和专家测评等活动每年开展一次，由各学院对任课教师的教学工作进行全面测评。在评学方面，主要通过教师问卷调查、督导组随堂听课、教师座谈会、学生座谈会以及教学检查等方式进行，主要是对学生的学习态度、学习过程和学习效果进行评价。为了获取更加真实有效、客观公正的教学评价结果，加强 Y 城师范学院教学质量建设，在部分教学环节中，学校开展第三方评价。学校先后聘请其他高校部分专业课教师为 Y 城师范学院课程考试命题，同时购买专业课试题库，实行教考分离，这有效提高了课程教学质量。学生毕业论文（设计）开题前，邀请校外专家审核选题；毕业论文（设计）完成后，由校外专家进行盲审，盲审未通过的不能参加答辩。这种方式提高了学生毕业论文（设计）的水平。

二、教学质量保障标准体系解析

Y城师范学院制定了教学质量保障制度，出台了相关文件，制定了教学环节质量标准，强化了广大教师和教学管理人员的质量意识与责任意识，初步形成了由决策与指挥系统、分析与评估系统、信息采集系统、反馈与调控系统等四个模块构成的教学质量监控闭环。建立并完善了评教制度，明确了教学质量信息统计与分析的方式；确立了学校的办学定位及人才培养目标，教师及其教学水平和教学投入，教学经费、课程资源及其他教学条件，培养方案、教学改革及实践教学的开展；招生就业情况、学生学习效果及学风建设情况，质量保障体系的建设及运行情况。教学质量信息统计与分析的主要途径有三个层面：一是教务处层面，教务处作为学校教学管理部门负责修订、完善教学管理制度，并依据各类教学管理制度和各教学环节的质量标准，指挥和协调全校教学工作正常有序运行。二是二级学院层面，二级学院在院长领导下，全面负责对本学院的整体教学工作、教师的教学情况、学生的学习情况进行统计与分析。三是专业系层面，系主任负责组织本系的教学任务执行、课堂教学、实验实践教学、毕业论文（设计）以及试卷命题、阅卷、试卷质量分析等各个教学环节的质量信息统计与分析，从而建立教学质量信息公开制度。教学质量信息公开的主要内容包括生源质量、在校学生学习状况、应届毕业生就业去向和就业质量、毕业生职业满意度和工作成就感、毕业生社会满意度、学生发表论文情况、学生获奖和竞赛情况、学生服务社会成果情况等。在学生学习状况监控方面，学校先后制定、修订了规章制度，对学生的学习过程和学习效果进行全方位评价，及时发现学生学习中存在的问题，正确加以引导、督促和鼓励，确保学生的学习效果。

学校要筑牢"一队伍、两闭环、三评价、四链接、五视角、六系统"的教学质量保障体系，全力提高人才培养质量。其具体内容如下：

"一队伍"指组建一支专业的"3+X"督导监控队伍。其中"3"指在督导队伍中，有 1/3 获得教学竞赛一等奖的教师、1/3 有丰富教学经验的退休教师、1/3 有丰富教学管理经验的中层干部；"X"指兄弟院校专家、行业专家、用人单位代表等。

"两闭环"指校内"目标—标准—执行—评价—反馈—改进"和校外"社会需求—毕业生评价—用人单位评价—第三方评估"两个质量保障闭环机制。

"三评价"指基于基本教学状态信息库，对"培养目标、毕业要求和课程目标"等三个评价结果进行综合分析、评价和反馈。

"四链接"指由课程、专业、学院、学校组成的"四级链接"。"四链接"建立教学质量纵向持续改进体系。

"五视角"指以学生为主体，督导组专家、教师同行、教学管理人员、用人单位参与的"五视角"的横向多元评价体系。

"六系统"指构建教学管理组织系统、教学质量标准系统、教学管理运行系统、教学质量评价系统、教学信息反馈系统、教学行为奖惩系统等。

Y 城师范学院在出台的教学质量评价与持续改进的意见中，规定学校每学年、二级院系每学期至少召开一次教学工作专题会议，并要求领导干部定期听课、开展教学巡视活动；实施课程和专业评估，将专业自评与外部评价相结合，采取校内专业评估和参加国家组织的专业认证两种方式，加强对专业的监测和评价工作。

三、教学质量保障体系建设方面存在的问题及改进措施

教学质量保障体系建设方面存在的问题主要表现在以下几个方面：第一，对教学质量管理的认识和理解有待加强。学校绝大多数教师对教学质量保障缺乏深度学习与理解，教学质量保障意识不强；校内不同单位、不同人员对教学

质量保障理解的差异较大。第二，职能部门未发挥实质效用。部分单位、部门未能充分结合自身职能，在各教学环节的质量保障中未能充分发挥作用，对需要承担的教学质量保障职责不够明确，投入精力不足，教学质量标准规范执行力度不够、规范细化不够；部分二级学院教学督导、质量检查存在流于形式的问题，造成质量保障机制不能有效发挥作用。第三，教学质量标准不够规范，质量保障机制的常态化、制度化运行不够。真正意义上的教学质量标准尚未进一步完善，各主要教学环节的质量标准不够细化；虽然注重科学性，但可操作性不强，对培养目标的达成情况难以考核；对职能部门的监测结果未能有效分析，难以形成具有指导性的改进意见，质量持续改进能力有待进一步加强。

教学质量保障体系建设方面的改进措施有以下几个：

第一，提高认识，努力构建职责明确、全员参与的质量保障机制。形成教学质量保障机制的制度性文件，统筹规划、合理安排学校教学质量保障工作；进一步推进教学建设，明确体系运行过程中相关部门及人员的责、权、利，促使不同部门之间形成有效沟通和相互协作机制；建立教学质量改进机制，设立职能部门，负责全校教学质量信息评估与反馈。职能部门实行即时反馈和定期反馈相结合的方式，编印相关材料，及时公布质量监测的结果、二级学院和相关部门据此进行整改所采取的措施以及整改结果。学校应重视二级学院内部教学质量保障体系建设，加强对二级学院质量保障体系建设的指导、监督和评价；督促二级学院领导、系主任、督导组成员发挥带头作用。根据学科、专业特点，充分发挥系、教研室等基层教学组织的作用，提高教研活动的频率和质量；扩大教师座谈会、学生座谈会的参与面和参与度；鼓励师生发现并提出人才培养过程中存在的问题；以学科专业为单位，多方搭建平台，鼓励教师进行教学交流；认真总结分析学生的评教结果，并及时把信息反馈给相关教师，促使教师不断提高教学质量。

第二，职能部门应积极开展前沿性理论学习，树立持续改进的教学质量保障理念。准确把握质量标准的发展脉络，厘清教学保障体系的基本逻辑，并进行深入研究和探讨，对质量标准的依据、取向、内容、规范等提出基础性要求，在内部构建细化的、可考核的质量标准，并以此整合学校质量保障体系的构成层次，将学校运行的相关环节全部实质性地纳入质量保障体系。通过对教学质量评价制度的修订，促使评价指标体系进一步体现课程性质的特点，以此推动教学质量分析结果的精细化。在教学质量保障体系的框架内，做好教学质量结果的分析工作，促使学校相关职能部门深入了解学校人才培养工作中的优势和不足。

第三，优化队伍配置，提高人员素质。按各个岗位的工作职责合理配备人员，并重视人员素质的提升。以教学质量监控与评估中心和研究所为依托，加强对高校教学的研究；通过课题研究、开展定期调研交流等方式，加强质量文化建设，提升管理人员的质量保障理念，帮助他们实现从传统的质量监测向质量保障理念转换，促使其掌握高校教学质量管理的原理，全面提升业务能力。

四、课堂教学质量评价指标体系

课堂教学质量评价指标如表 4-1 所示：

表 4-1 课堂教学质量评价指标

评价指标	评价内容	分值
教学态度	上下课准时，不迟到、不早退、不拖堂。备课认真，讲课熟练，脱稿讲授。对学生违反课堂纪律的现象敢抓敢管，课堂秩序良好。上课注意学生的到课率和课堂纪律，维持良好的课堂秩序；仪表端庄，仪态大方。	15 分

评价指标	评价内容	分值
教学内容	严格执行教学大纲及教学计划，基本理论概念清楚、正确，重点突出，难点处理得当。	25分
教学方法	能根据不同的教学内容采取不同的教学方法，体现启发性、研究性原则，能因材施教。	10分
	能配合教学内容恰当使用各种辅助性教学手段，演示与讲解、板书配合紧密，板书书写规范、字迹清楚。	10分
	条理清楚，层次分明；语言精练、易懂、有感染力，普通话标准。	10分
	教学互动，能调动学生积极思考，课堂活而不乱，气氛和谐。	10分
教学效果	课堂学习气氛浓厚，师生交流好。学生的学习能力和创新性思维能力得到提高。	20分

第二节　确定督导职责，加强日常管理

一、校内督导员工作要求及担任督导员的条件

（一）校内督导组的工作要求

2021 年，教育部启动新一轮普通高校本科教育教学工作审核评估，这对学校整体教学工作提出了更高的要求，教学督导工作也面临着新形势、新任务。因此，Y 城师范学院有针对性地制订了教学督导工作计划，明确了督导工作的主要任务，并采取切实可行的具体措施，将督管、督教与督学有机结合起来，推进教学督导工作的广度和深度，取得了显著的成效。学校教学督导组紧紧围绕规范教学管理、提高教学质量等任务，发挥了教学督导在学校教学质量监控中的积极作用，圆满完成各项教学督导工作。

质量是高校的生命线，提高教学质量是高等教育的主要任务。2016 年，第十届国家督学聘任工作会议指出"深化督导改革，提高治理能力，为加快推进教育现代化提供有力保障"。教学督导是保障教学质量的有力手段，教学督导队伍则是保障教学质量的主力军。在高等教育快速发展、全面深化教育改革的新形势下，教育督导队伍必须与时俱进，主动适应教育改革，推进教育发展。

教学督导组是学校内部质量监控与保障体系的重要组成部分，其负责对全校本科教学各环节的教学实施、教学管理和教学服务等工作进行监督、检查、指导、评价、咨询等工作。教学督导以"客观、公平、公正、公开"为工作原则，秉承"以督促管，以导促建，管建结合，重在发展"的工作思路；适当调整校级教学督导组成员，其中教学督导组成员三分之一来自教学单位和管理部

门负责人，三分之一来自教学经验丰富的退休教师，三分之一来自教学水平高、评价好的一线教师；定期召开教学督导工作例会，完善和落实各类课程听课制度；要求督导组成员在听课后与任课教师进行沟通交流，并对其课堂教学效果予以客观公正的评价，肯定其优点，指出其不足，帮助任课教师提高教学水平。职能部门及时整理教学督导组反馈信息，撰写《教学督导简报》等调研报告。

（二）担任校内教学督导员应具备的基本条件和权利

担任校内教学督导员应忠诚党的教育事业，具有强烈的事业心和责任感，能认真履行督导职责，积极主动参加各项工作；从事高等教育工作时间较长，具有一定的教学和管理工作经验，原则上应具有高级专业技术职称；了解国家有关高等教育的方针、政策、法规，具有较高的政策水平和理论素养，熟悉学校教育教学改革发展动态和教学管理规章制度；坚持原则、为人正派、作风严谨、办事公道、乐于奉献、身体健康、精力充沛。教学督导员具有以下权利：①听课权。教学督导员有权随时进入教室和实验室听课。②知情权。教学督导员有权随时调阅教师教案、教材、学生学习笔记、考试试卷及其他教学管理档案资料，有权向教师和学生询问相关教学问题。③建议权。教学督导员有权对学校教学建设与改革相关工作提出建议。

二、校院两级督导组工作职责

（一）校级教学督导组工作职责

校级教学督导组建立和落实教学督导工作例会制度。定期召开教学督导工作例会，根据学校教学工作安排，研究制订年度教学督导工作计划，落实教学督导工作任务；加强与二级学院及学校相关职能部门之间的信息交流与沟通，不断提高教学督导工作水平和实效；完善和落实各类课程听课制度，听课后应及时与授课教师进行沟通与交流，并对课堂教学效果进行客观公正的评价，肯定其优点，指出其不足，帮助教师提高教学水平；建立和落实教学工作检查制度，配合教务处和评估处开展日常教学秩序检查工作，重点做好期初、期中、期末、节假日前后等重要时间节点的教学秩序检查；参加学校组织的二级学院教学管理工作考核、教学环节运行情况专项检查、实践教学专项检查、本科生毕业论文（设计）专项检查、课程考试试卷专项检查等，促进教学管理工作规范化建设；参与学校实验室建设与管理工作，对各教学单位实验室建设、实验室安全管理、设备管理等工作进行督查和评估，指导各教学单位制定并完善实验室建设与安全管理的制度、规划和工作计划；参与学科建设工作，从学科定位、学科队伍、科学研究、人才培养、学科基地、学科管理等方面提出相关意见与建议；建立和落实教学工作研讨咨询制度，针对教学及教改过程中存在的问题开展专题调研活动，为改进和完善工作提供建设性意见和决策咨询；推广优秀教学成果和先进教学方法，促进青年教师成长；建立和落实教学督导工作联系制度，开展对二级学院教学督导组及相关职能部门的访谈与指导，加强校院两级教学督导组的联系和交流；建立和落实教学工作评价与意见反馈制度，深入教学一线，广泛听取并收集师生员工对教学工作的意见和建议，在汇总、分析后，及时反馈给相关二级学院，协助职能部门开展教师教学水平评价活动，为各类考核及评优评先活动提供客观公正的原始评价材料。

（二）院级教学督导组工作职责

院级教学督导组要有计划、全方位跟踪听课。对本二级学院所有教师及各专业开设的理论与实践课程随堂听课。重点跟踪新进教师，新开课、开新课教师的课堂教学，帮助他们提高备课、教案编写、教学进度安排及课堂教学组织的水平和能力，改进其教学方法；经常性、制度化开展教学检查。重点督查各专业人才培养方案的执行情况，针对课程开设、课程设计、专业见习、专业实习、毕业论文（设计）、考试等主要教学环节及其教学档案建设情况，进行全方位的检查和督导，保证教学及管理工作规范落到实处；开展教学工作评价与意见反馈；及时将督导过程中收集到的对教师教学工作的意见和建议反馈给其所在二级学院及教师本人，并对整改结果进行评价。以此作为对教师教学质量评价、年度考核、专业技术职务晋升等的参考依据。

三、教学督导员日常管理办法

职能部门代表学校为教学督导员的工作提供条件和保障，组织实施教学督导计划，了解、掌握全校教学督导工作动态，定期召开教学督导工作会议，反馈教学督导信息；教学督导员在开展工作时，应佩戴统一印制的督导证件，做好书面记录，做到实事求是、客观公正、有效沟通；各二级学院和全体师生员工应重视、支持和配合教学督导工作，自觉接受教学督导员的监督和检查，对教学督导员提出的意见和建议要认真听取、积极改进并及时反馈整改落实情况；不得妨碍或拒绝教学督导工作，如阻挠或拒绝配合教学督导工作，学校对相关责任人予以通报批评；对情节严重、态度恶劣的，给予其纪律处分。

第三节　深化督导工作并明晰任务要求

教学质量直接影响人才培养的质量，教学效果的好坏是衡量教学质量高低的主要因素。教师在教学工作中，应切实坚持"一切为了学生发展"的理念。

二级学院教学督导组要积极采取切实有效的措施，加强教学质量管理。其中，教学督导是一项行之有效的控制和保障教学质量的措施。通过督导组常态化的督导，不仅做好对教师教学质量的评价工作，还可广泛听取学生意见，了解学生需求，并及时向任课教师反馈；对教师布置的作业和在课后辅导学生的情况也有所了解，进而推动良好的教风、学风建设，促进二级学院教学质量的全面提高。下文以 Y 城师范学院学期教学督导工作为例，探讨教学督导工作的指导思想、工作内容等问题。

一、指导思想

学期教学督导工作将紧紧围绕学校教学工作，以加强常规教学检查、强化内涵建设、提高教学质量为核心，以"客观、公平、公正、公开"为工作原则，秉承"以督促管、以导促建、管建结合、重在发展"的思路开展工作。强化校院两级教学质量监控与督导，加强对教学运行各环节的规范管理，在认真总结以往教学督导工作经验的基础上，积极探索教学督导工作新思路和新方法，不断推进教学督导工作的深度和广度，进一步推动教风、学风建设，促进 Y 城师范学院教育教学水平和教学质量的全面提升。

二、工作内容

教学督导组在总结以往工作的基础上，进一步改进开展工作的方式方法，定期开展期初、期中和期末"三期"教学检查、随堂听课活动，不定期进行教学秩序巡查、课堂纪律检查等教学常规检查，重点对新进教师、青年教师、学生实习情况、课程思想政治建设情况等进行督导，重视检查结果汇总分析、反馈整改工作，注重督导工作的灵活性、多样性、时效性和互动性。

（一）开展教学督导工作

以现代教育理念指导学校教学督导工作，把督导活动的本质看成是有益于教师发展的过程，强调教师在督导过程中的主体作用，督导员在督导活动中帮助教师认识和解决教学问题，这是为教师个人发展与为学校教学质量提升服务。推行"全覆盖+跟踪式"本科课堂教学督导工作模式，坚持"督导结合、以导为主"的理念。"全覆盖"加强了"督"，督导组以小组为单位，听、评学校全部授课教师的课堂教学，课后及时与授课教师进行交流；"跟踪式"以"导"为主，确定需要加强完善建设的课程与满足学生的需求，把需要提升教学质量的教师作为跟踪对象，选用多种形式组织跟踪听课，每次跟踪听课后，督导组对跟踪课程与跟踪教师教学情况进行具体分析与指导。

（二）开展听课、评课活动

1.开学督导工作

二级学院教学督导组主要对以下几个方面进行督导：各学期的授课计划的制订是否及时，授课计划是否符合教学计划和教学大纲；教师的教学工作是否按规范正常进行；教师是否提前两周备课；青年教师是否制订本学期听课计划。

2.课堂教学督导

每学期开学第一周，二级学院组织学院教学督导组开展听课活动。二级学院教学督导组多以随机抽查听课方式为主，重点听取专业基础课、公共基础课；听课对象主要是新进教师、外聘教师、以往教学效果欠佳的教师。听课形式主要是随机抽查式的随堂听课，实时了解课堂教学状况。尽量扩大听课面，不仅有青年教师，而且有中老年教师；不仅有助教和讲师，而且有副教授和教授；不仅有公共课，而且有专业课；不仅有理论课，而且有技能课。同时，适当接触属于实践环节的课程和教学活动。教学督导组成员保持较高的人均听课节数，听课对象为全体任课教师，对辅导学生的情况也要给予关注。教学督导人员要坚持督、导结合，努力改变以往"重督轻导"的做法。听课后，教学督导人员一般从备课情况、教学内容、教学方法、教学手段、语言表达、板书设计等方面与任课教师作简短的交流和探讨，特别是对青年教师，在充分肯定其优点的基础上指出其不足，提出改进的意见与建议，鼓励青年教师立足讲台，不断提高教学水平。

3.提升听课的广度与深度

校教学督导组将课堂教学作为教学督导的重点工作。以文科组、理科组和特殊专业组为单位，根据本组专业的特点提出统一要求。全组协调安排，有的还根据需要分成 2~3 个小组，每个小组 2~3 人，每个督导员具体联系 1~2 个二级学院，轮流安排听课、看课、评课活动，这大大提升了教学督导工作的广度与深度。这主要体现出四个特点：

（1）提升巡课频率。除常规的听课、评课外，督导组还加强了巡视教学场所的广度和密度，每个小组每周至少巡查两次。通过巡查的形式，掌握相关学院教师的上课情况和学生到课情况，对教学环境进行检查，发现问题及时向相关部门和有关领导汇报，同时提出意见和建议。巡课促进了教学环境的优化和教学秩序的规范，推动了整个学校的教学工作。

相对于校督导组而言，二级学院督导组听课则较为简单。开学初督导组将本学期所需的教学文件的格式、要求发给每一位教师，结合学校期中教学质量检查工作的有关指标，有针对性地进行检查督导。通过抽查、听课、与学生座谈等方式了解教师教学的有关情况，包括授课计划表的制定是否符合教学计划。听课对象有以下几种：①拟申报职称和职称刚晋升的教师；②工作不满三年的新教师；③学生评教结果差和学生反映问题集中的教师；④学生评教结果为"好"和各种评教结论差异较大的教师。同时，二级学院督导员采用一定的方式与被听课教师进行交流，反馈听课的意见，使教师能及时改进教学方法，提高教学效果。例如，采取听课后督导人员与教师及时交流、以书面形式向院系反馈听课情况、召开座谈会进行交流等形式。

加强日常教学秩序和教师课堂教学常规执行情况的督查。听课对象为所有承担教学任务的教师，从备课、教学内容、教学方法、教学手段、语言表达、板书设计、课堂管理等方面对教师课堂教学进行评价；加强与被听课教师的交流，帮助教师特别是年轻教师不断提高课堂教学水平。督导组既评估教师的教，也检查学生的学，努力从教与学两个方面研究并解决教学中存在的问题，切实为教师和学生提供帮助与指导。通过听课与评价，加强对课堂教学质量的监测。

（2）加强对课程思想政治落实情况的督导。根据国家、省和学校有关课程思想政治的文件要求，从教学大纲、课堂教学等方面对任课教师的课程思想政治落实情况进行督导，并重视课外辅导工作。

（3）加强与学生的沟通，及时了解学生对教师教学质量的评价和对教学的需求，充分调动学生的主动性和积极性。在听课过程中，督导组不但要做好教师教学质量的评价工作，还要注重听取学生意见，了解学生需求，并及时向任课教师和有关职能部门反馈。教学督导组对教师布置的作业、课后计划和教学大纲等是否作了详细的说明进行检查；实验室的各项工作能否保证实验教学正常进行；是否按授课计划表完成教学任务；学生作业量是否合适以及教师批改是否认真等情况进行检查。

（4）重视对申报的优秀课程的初评听课工作。学校组织校教学督导人员，对二级学院申报的优秀课程进行初审筛选工作。督导组通过认真查阅申报课程的相关材料，按照优秀课程的评审指标体系进行评审打分，提出参加评审的建议；又对拟评审为优秀课程的主讲教师进行随堂听课活动，对他们的课堂教学情况进行认真评议，并将评议记录上报，为学校优秀课程评审做好基础性工作。

（三）做好试卷、毕业论文（设计）和专业实习等专项检查工作

1.试卷专项检查

学期考试结束后一周内，在二级学院组织教师对试卷自查自纠的基础上，

依据学校试卷管理规定，组织专项检查，主要检查的内容有试卷的命题是否规范，能否客观反映教学目的和教学要求；试卷的批阅是否认真、准确；评分是否准确，试卷分析是否符合实际；重点检查试卷命题是否具有科学性，与课程教学大纲、选用教材之间的关联度；试卷批阅的规范性，是否有随意给分以及分数记录错误等问题；试卷材料的完整性，有无缺少材料、装订顺序错误以及责任人签名缺失等问题；从师范专业重点课程目标达成度的角度进行评价，把好每门课程试卷质量关，将检查结果及时汇总通报。

2.毕业论文（设计）专项检查及督导

做好毕业生毕业论文（设计）的检查工作和做好师范类专业报送材料中毕业论文专项检查、二级学院毕业论文抽查工作。学院根据学校毕业论文工作要求及学校关于毕业论文（设计）材料整改的通知要求，按照《全日制本科生毕业论文（设计）工作规程》和师范类专业认证状态保持工作相关要求，积极做好毕业生毕业论文（设计）的检查督导工作。对毕业论文（设计）的任务书、开题报告、文献翻译（原文+译文）、中期检查、各类评阅记录、答辩记录、成绩等全过程进行督导。以系为单位，要求毕业论文（设计）选题紧扣人才培养方案的培养目标和相关要求，由系主任牵头组织相关教师进行审核后，在学院层面组织相关专家进行审核。学院召开专题会议要求指导教师根据毕业论文（设计）整改的通知，对任务书、中期检查表、成绩评定等过程材料进行梳理、检查和修改。同时，学院按照学校分配名额，做好优秀毕业论文、团队遴选推荐工作。

3.专业实习的专项检查

督导组通过电话或实地走访等形式检查学生专业实习情况。根据人才培养方案的时间安排，大四阶段的学生需要参加为期三个月左右的专业实习，为全面了解实习生在实习单位的情况，学校在十月、十一月份组织两批次六个调研组对学生实习进行全面检查调研工作，督导员和教务处、职能部门深入实习生所在的政府机关、企事业单位，全面了解实习生在实习单位的表现，实习生对实习组织工作的意见以及实习单位对实习生的评价等方面的情况，并进行翔实的记录。通过全面深入、细致扎实的调研工作，调研组获得了大量的第一手资料，为学校实习工作的改革乃至学校教学工作的改革提供了重要的依据。

4.期末考试巡查

期末考试期间，按照学校的安排，教学督导组分成三个巡视小组对线上期末考试进行了考风考纪检查，主要从监考人员的监考情况、学生考试情况和考场环境秩序等三个方面进行巡查。总体上看，绝大多数监考人员能按时参加监考，精力集中；绝大部分学生考试认真，考风良好；考场秩序良好。巡查过程中发现的问题及时向有关职能部门和二级学院进行反馈，并作了妥善处理，确保考试顺利进行。巡查结束后，督导组将填写的巡视情况记录表汇总上报。

5.组织师范类专业认证状态保持工作材料专项检查

师范类专业认证状态保持工作材料专项检查包括对课程教学大纲、教学考核材料、课程目标达成情况分析改进报告、毕业要求完成情况分析报告等材料的检查。

（四）做好期中教学质量检查有关工作

1.参与期中教学质量抽查工作

期中教学质量抽查主要内容如下：督导组查阅部分教师的教学日志、学生实验数据记录本、学生实验报告等材料；通过互联网平台查阅部分教师的课程表、授课计划表、实验课程安排表等信息，检查部分教师授课计划表填写的合理性，检查部分课程的教学进度，实时掌握一些课程的教学状态。督导组主要抽查二级学院在执行人才培养方案、教学运行、学生作业（实验报告）及教师批改等方面的完成质量。

2.召开教师和学生代表座谈会

通过座谈会，了解教师教学、学生学习和教学管理等方面的情况，加强教师之间、师生之间的信息交流，总结管理过程，及时沟通整改。

（五）做好学生学习情况的检查工作

通过在课堂听课时与学生的交谈，或召开学生代表座谈会等方式了解学生学习情况，对存在的共性问题及时向有关部门反映，并督促其加以解决。

通过深入课堂听课，召开不同年级、不同专业的学生座谈会，与部分班主任和任课教师交流，了解和检查学生的学习情况；同时了解学生对教学工作尤其是教师课堂教学的评价和建议。督导员能及时将学生的意见和要求反馈给相关教师，有利于教师进一步改进教学工作。

（六）确保线上线下教学质量实质同效

教学督导组工作本着"标准不降，质量不减"的原则，按课表随机听课，进入相关课程的教学平台，对线上课程的教学准备、教学进度、教学组织等方面进行巡查；关注教师授课内容、互动交流、课程思想政治落实、作业布置与答疑、学生学习状况和教学平台运行等方面的情况，每周向职能部门反馈一次线上督导情况。在线上督导过程中，教学督导员及时了解、客观反映线上教学过程中存在的问题；在课后及时向授课教师及其所在学院反馈，并督促任课教师及时整改。线下教学期间，督导组主要检查各学院的实验实践教学、新教师的课堂教学、重要专业基础课的课堂教学。听课对象主要为近三年新入职的教师和以往教学效果欠佳的教师。听课前了解教师所任课程的教材选用、教学计划的制订、教学日记的记载、备课笔记的书写等教学文件的情况；听课中关注教师教学目标的实现、教学内容的讲解、教学方法的运用、教学板书的设计以及课堂教学的管理、教师口语表达等方面的情况；做好听课记录，并对教师课堂教学过程进行全面评价。听课后及时与任课教师进行交流，在肯定其优点的基础上，重点指出其需要改进的方面；帮助新入职教师站稳讲台，指导教学效果欠佳的教师提高课堂教学质量。

大力推行"云课堂"和"云教学"，积极推进信息技术应用能力提升工程和信息技术与学科深度融合教学改革，注重榜样效应和模范效应。在督导过程中鼓励教师探索贴近学生实际的线上教学模式，完善线上教学方案，建设探究式学习课、挑战性提问课等系列研究型课程，积极进行教学改革创新。

学校教学督导员结合所联系学院的实际情况开展督导工作，指导青年教师提高课堂教学技能；协助学院督导毕业生毕业论文写作的各环节工作；指导学生专业技能训练等；对青年教师会讲比赛进行指导，对学生的学业、学生读书会和相关学习活动进行指导。

（七）开展督导师范生专业技能训练工作

为迎接师范生参加的教师资格考试、本科综合评估、师范专业认证及中期审核、工程教育认证等活动，地方师范学院相关二级学院制订了具体的专业技能训练计划。按照训练计划规定的时间、地点，督导组深入教室、实验室、机房、琴房、舞蹈房、运动场馆等各个训练场地，及时了解训练计划的落实情况，特别关注指导教师是否到现场指导，参加训练的学生人数，其是否认真投入，技能训练是否取得应有的效果等；对督导中发现的问题，如训练教室无人、指导教师未到场等，应该及时向二级学院分管院长或教务秘书了解原因，并向有关领导汇报。

师范生技能大赛是检验各师范院校办学质量的一个重要的平台和指标，其旨在通过比赛的方式促进师范院校教学改革，提升师范生的教学基本技能，学校历来非常重视这项工作。地方师范院校督导组按照职能部门、教务处要求，全程督导二级学院的师范生技能大赛各项工作，及时了解二级学院选手的遴选、集训、指导情况，对发现的问题及时汇报，研讨对策。

（八）加强教学管理与教学服务保障的督导

加强教学管理与教学服务保障的督导主要有以下几方面内容：

第一，督促教学管理部门严格履行教学管理职责，督促二级学院认真做好日常教学管理工作，使督导与教学管理有机结合。督促教学服务保障部门按照学院要求切实做好教学服务，保障教学工作的正常开展；针对教学质量持续进行专项督查。对教学评价中反映出的教师教学质量问题，应与相关院系共同制定改进方案，实施教学能力提升计划；对在教学评价中反映出的学生的学风问题，应及时将相关信息反馈给职能部门和相关二级学院，由后者负责制订并实施学风改进提升计划，督促其做好相关改进工作。

第二，加强对有关教学文件制定和执行情况的督查，继续加大对课堂教学（含实验教学）等主要教学环节的管理和监控力度，督查人才培养计划、教学大纲、授课计划和教师实际教学状况的吻合情况。对各专业的教学计划执行情况进行过程性督查，发现问题应及时与学院分管领导、专业负责人和系主任、教研室主任等交换意见。

第三，深入考试评价制度改革，积极配合学校考试评价制度改革工作，积极参与二级学院考试相关工作。督导组加强对考试过程的督导，同时参与试卷命题的研究和试卷命题质量的把关工作。督导会议经过研究论证，最终确定简答题、辨析题、案例分析题、论述题、实践题等作为试卷基本题型；同时严格执行学校关于期末考试工作安排的通知，对可能出现的突发情况进行评估，并制定预案；加强对出卷、阅卷、监考工作的指导，专门召开相关工作会议，就试卷的题型、题量、内容进行统一要求，以杜绝以往题量偏小，重复率过高的现象，并加强对二级学院的试卷审查；重申考场纪律、要求、注意事项，并加强对二级学院考试的巡考工作。

第四，做好教学大纲修订和人才培养方案的检查工作。督导组对新课程教学大纲进行全程督导和检查工作，重点检查大纲的格式和编写要求是否满足人才培养方案的要求。针对人才培养方案中存在的遗留问题，督导组会同教学管理部门，对人才培养方案中存在的问题进行调整，使其更加符合"学生中心、产出导向、持续改进"的原则，检查专业人才培养目标定位是否准确。督导组根据单位办学定位和发展战略，检查专业人才培养是否完善，学校人才培养工作是否到位；专业发展是否紧扣学校人才培养的总目标，是否符合经济社会发展新要求。科学制定并完善专业培养方案，明确人才培养要求和基本规格，科学构建知识结构、搭建课程体系、规划教学活动。监督各教学环节质量标准的进一步完善，关注质量标准必须涵盖理论教学、实践教学、毕业论文（设计）、考试考核、教材选用等教学活动各环节；质量标准符合学校教学实际，具有科学性、前瞻性和可操作性；可结合专业实际，经科学论证后，对标准进行适当调整。

第五，提出合理化建议。督导组根据听课情况，认真总结、客观反映课堂教学存在的现象和需要改进、强化的方面，如组织教学、强化学生主体性、保持知识前沿性、新颖性、提高难度值等，并对这些方面提出合理化建议。

第六，对新老教师结对落实情况进行督导。对二级学院新老教师结对、教学技能指导等进行督导，帮助新进青年教师尽快实现角色转换，提高其教学水平。做好新老教师的结对帮扶工作，组织教学经验丰富的教师对青年教师进行随机听课；针对青年教师上课中存在的问题，及时提出改进意见。同时，结合学校中青年教师教学比赛，对参赛教师进行集中听课，帮助教师完善比赛的课程设计、教学说课、教学语言等环节，从而有效提高了中青年教师的课堂教学质量。

第七，加强教学质量工程建设。做好有关优秀课程、网络课程、双语课程、微课程的检查、申报和指导工作；进一步完善课程建设工作，完善主干课程试题库建设工作。

第八，协助学校做好参加青年教师教学竞赛选手的选拔、指导工作以及申报职称的教师的听课工作；开展以老带新，以新促老的互帮互学活动，强化优秀教学团队建设。

第九，在做好各项检查的同时，按照教育部本科教学工作审核评估的整改要求，积极做好教学指导工作，使各项教学工作都能严格按照本科教学评估的要求进行。

第十，期末督导工作。通过听课、学生座谈、随机抽查等方式了解教学工作的完成情况；学生的作业量是否适宜及教师的批改是否认真。检查督导学生的专业和教学技能的训练、班主任工作能力的培养、教师与相应专业学生进行对话的情况，各专业学生教育实习和见习是否顺利等。

（九）督导学生宣讲团的宣讲工作

围绕立德树人这一根本任务，推动以社会主义核心价值观为引领的优良校风和学风建设，督导组配合校党委宣传部开展新一轮学生理论宣讲团成员的选拔、培训和宣讲工作。宣讲团围绕"学宪法讲宪法"与"理想信念教育"两个主题在校内开展宣讲活动，为营造和培育优良校风与学风，社会主义核心价值观落地生根作出积极贡献，传播一粒粒文明的种子、思想的种子和理论的种子，引导更多的学生筑牢思想之基、坚定理想信念、坚定对未来的殷殷期望，为营造优良的学风作出贡献。

（十）督导教师开展备课和磨课等工作

为了提高全体教师的授课水平，确保将有理想和有价值的课堂向学生呈现，督导组要到各系参与试讲活动，全程听课，认真做好听课记录，观察授课教师的教学活动。针对部分教师教学过程不够精细、语言不够精练、课堂结构不够合理、设计比较粗放、随意性较大、师生互动欠缺等问题，督导组能及时提出改进意见。这提高了授课教师的信心，激发了教师努力钻研课堂教学艺术的热情。

三、工作要求

（一）督导组紧密结合学校开展的各项教学活动，以随堂听课的方式对授课教师的课堂教学情况进行督导。听课过程中，督导组必须坚持实事求是、公正评价、重在鼓励的原则。课堂教学活动结束后，督导组要现场检查教师的教学大纲、授课计划、教材、教案以及教学日志等资料，督促教师提高课堂教学水平。

（二）学校、二级学院督导组在督导听课、个别访谈、召开座谈会及专题调研工作时，要及时收集各类教学信息，同时与被督导教师、二级学院、有关职能部门进行交流与沟通，充分听取其对课程教学方案的设计与实施思路、对教学管理与改革的建议和意见，并整理出相应的情况、建议、体会和总结，加强与教师的交流，帮助教师改进教学工作，提高教学水平。

（三）教学督导组要按照计划开展督导工作，重视原始材料的积累，对学期督导情况进行书面总结，每月中旬将督导情况反馈给职能部门。定期召开教学督导工作会议，总结前一阶段工作、交流教学督导工作经验、布置下一阶段工作。在期末教学督导工作总结会上，相关督导材料需提交职能部门存档。

第四节　督导工作成绩和成绩取得的原因

Y城师范学院通过对教学工作的督导，取得了一定的成绩，其成绩和原因有以下几个方面：

一、教学督导工作成绩

教学督导人员深入学校教学工作第一线，通过听课评课、教学巡视、课程评议、试卷专项检查、毕业论文（设计）专项检查、考试巡查等多种形式，多方面接触、了解全校的教学工作。教学督导工作的成绩主要有以下几个方面：

（一）提升了教师的教学水平

通过督导组的督导工作，学校从教学到管理，从课堂到环境，都发生了很大的变化，大大提升了全校的整体教学水平。督导组在听课过程中发现好课明显增多，优秀率大幅提高，文科达到38%，理科达到35%；不合格率明显降低。与此同时，学生毕业论文的水平和教师试卷批阅质量也有大幅度提高。在教学督导工作的推动下，教室的环境也得到了优化，教学多媒体设备也有了进一步的完善。这充分说明，在教学督导工作的推动下，从各个方面提升了学校的整体教学水平。

（二）加强师资队伍建设，提高课堂质量

由于教学督导工作的推动，二级学院非常重视师资队伍建设，加强对教师教学技能的训练。各学院充分利用假期时间和教研活动时间组织教学研究活动，开展集体备课和教学观摩活动，特别是组织青年教师认真备课、修改教案，并反复试教和评教。在课堂教学活动中，绝大多数教师教学态度端正，备课认真，充分运用多种教学手段，优化教学过程和教学步骤；教书育人，管教、管学，课堂教学质量有了较大的提高。有些教师对教学内容和课堂教学的驾驭能力提高，重视知识的拓展深化，教学活动充满激情，激发了学生的学习兴趣；有些教师在课堂上与学生互动交流较好，重视对学生分析问题和解决问题能力的培养；有些教师对课堂的把控能力很强，张弛有度，重点突出，能结合实际论述问题，教学语言具有感染力；有些教师能在授课中能结合自己的研究成果，拓宽学生的知识面，帮助学生从更高的角度、更开阔的视野去理解知识；有些教师教学态度认真，讲课过程循序渐进，重视案例分析，教学语言流畅，富有启发性，已经成为本专业的教学骨干；有些教师获得学校青年教师教学竞赛奖项。这些教师的共同特点是他们课堂教学准备充分，重视课堂教学的各个环节，讲

课思路清晰，将理论知识与社会实践、生活实际的案例紧密结合，制作的课件内容丰富、图文清晰、能与讲解有效配合，启发学生思维，注重调动学生思考和学习的积极性，体现了丰富的教学实践经验。

（三）重视实验教学，提高学生实践能力

在教学督导工作的推动下，教师重视对学生各项能力的培养。特别是理工科各实验课程的教学，其所需的仪器设备得到进一步补充，学生实验仪器数量不足、一些设施陈旧、仪器需要维修等问题得到解决。例如，学院在实验课程教学安排、实验教师指导学生实验等方面做了一些调整，更加有利于培养学生实践能力。部分理工科教师将自己的示范性操作制作成实验教学视频，可以让学生反复观看，有利于强化学生的实验操作技能；教师普遍重视示范性操作和学生实践能力的训练，在实验指导过程中责任心强。这大大提高了学生的实践能力。

（四）强化学生管理，促进学风建设

在教学督导工作中，学校和二级学院加大了对学生教育与管理的力度，各级领导反复强调学风建设，任课教师强化课堂教学管理，学工系统积极配合督促检查，广大学生也加强自律、严格要求自己，学习风气有了显著的改善，形成了良好的学习氛围。从学生上课的具体表现看，有以下几个方面的提高：1.绝大多数学生能提前进入教室，做好预习工作，上课迟到现象减少。2.以往学生多抢坐教室后排，经过督导组的反馈与学院的整改，现在学生能坐满教室前排。3.学生专心听讲，音乐、美术等学院的部分教室还备有手机存放袋。4.学生能积极参与课堂讨论，回答教师的提问。5.实验课上，大多数学生能积极配合教师，认真实验，培养自己的实践能力。

（五）青年教师的教学能力提升

近年来，部分青年教师教学效果不佳，一方面是因为部分青年教师毕业于非师范院校，入职前没有接受过教学能力的训练；另一方面是因为部分青年教师存在"重科研轻教学"的现象，一些青年教师对教学工作重视不够，投入不足。通过教学督导工作的反馈，学校和二级学院采取一系列措施提高青年教师的教学能力，如体育学院教学经验丰富的教师在上课时，新教师随堂听课学习；以青年教师与老教师结对等方式，定期对青年教师督导听课、试讲、磨课；同时组织青年教师到中小学参与教学活动，了解基础教育一线的实际。因此，大部分青年教师的教学能力得到了提升，部分青年教师已经成长为骨干教师。

二、教学督导工作取得成绩的原因

校级督导组及二级学院教学督导组的工作，在许多方面采取了一些教学改革和促进的措施，取得了显著的成效，其取得工作成绩的原因有以下几个方面：

（一）学校重视程度较高

学校以及多数二级学院的领导，将教学工作作为中心工作来抓，采取多种举措进行教学改革，教学工作安排合理，并且重视教学督导工作，注意与教学督导组保持联系，及时交换意见。重视青年教师的培养与提高，能够经常组织系主任、课程组教师督导听课，了解青年教师教学情况，了解学生学习情况，听取督导教师的意见和建议；有时还组织同专业的教师开展集体教研活动，研究讨论教学问题，这促进了青年教师课堂教学水平的提高。学院领导深入教学第一线指导教学工作，组织听课、评课活动，开展教学研究活动，从而促进了教学质量的提高。

（二）教师教学水平提高

绝大多数教师教学态度端正，教学热情高，责任心强，备课充分，讲课认真；理论讲授准确严谨；课堂教学生动活泼，各教学环节衔接紧凑，教学方法灵活多样；师生互动良好，能够激发学生的学习兴趣；学生学习主动积极，思维活跃，课堂教学效果较好，教师整体教学水平普遍有所提高。多数教师体现了以学生为主体、以教师为主导的教学理念，大部分青年教师的教学水平提高比较快。

（三）学院教学工作管理严格

二级学院对教学规范工作管理严格，教师的教学文件基本齐全，教学过程得到进一步规范。教师积极配合督导工作，提供教学文件和课堂管理等信息，二级学院加强对上课秩序的管理，教师很少出现随意请假、调课、迟到、提早下课等情况。此外，二级学院普遍重视毕业论文检查工作及试卷抽查工作，大多数教师指导得力、检查细致，论文和试卷质量有所提高。

第五章　推进地方师范院校质量评价体系保障与建设

本章以 Y 城师范学院的学习调查问卷为例，分析通过问卷法推进地方师范院校持续改进质量评价体系的作用，并通过线上教学调查，探讨线上教学质量影响因素与解决措施，总结线上教学质量保障经验，研究地方师范院校质量保障体系建设。

第一节　Y 城师范学院学习调查问卷及其分析

一、调查概况

Y 城师范学院开展的关于学生学习情况的问卷调查，其调查范围为某二级学院各专业不同成绩层次的学生，其中主要涉及大一、大二、大三等三个年级和少数大四学生，因此具有整体代表性。调查共计发出问卷 1000 份，收回问卷 982 份，有效问卷为 979 份，有效率达 99.69%。此次问卷调查内容包括学生学习现状、学风教风建设、学生专业认知及课程满意度四个方面。问卷共设计选择题 30 道。

二、调查结果分析

（一）学生学习现状分析

1.学生学习情况总体良好

（1）大多数学生学习态度较为端正

在"你认为学习态度好与差的决定因素"的调查中，超过一半的学生（55.52%）认为是"学生自身"，这表明大部分学生能清楚认识自身原因是决定学习态度是否端正的主要因素，而不是单纯认为受外界因素影响，这表明学生具有较高的自知能力。

在"你认为目前 Y 城师范学院学生学习态度状况如何"的调查中，有超过四成（40.48%）的学生选择了"很好""较好"，仅有近一成（8.82%）的学生选择了"不好"，这说明学生总体学习态度较为端正，学习气氛浓厚，学生对学习态度较为积极。

在"对学生旷课的态度"的调查中，近八成（76.79%）的学生对旷课行为有一定程度的认识，其中 42.84%的学生表示绝对不能旷课，33.95%的学生表示理解偶尔旷课的行为。学生对旷课行为的抵制态度表明其能够严格遵守学校要求，学习责任感较强，较为重视专业学习。

超过八成（80.58%）的学生较为关注自己的学习成绩，其中 19.42%的学生表示要力争高分。这表明部分学生的学习具备一定的主动性和积极性，其学习热情较高。

近七成（68.95%）的学生认为学校关于学习方面制定的规章制度较为完善，有 32.89%的学生认为学风建设的规章制度存在疏漏，需要校方重视并加以修订,并愿意为此项工作积极提出建议,为完善学校规章制度贡献自己的一份力量。

在"上课时是否需要教师点名"的调查中,近六成(59.53%)的学生赞同教师点名,这表明大部分学生在课堂学习的过程中能够严格遵守课堂纪律,保证上课出勤率,并具有较高的学习自觉性。

(2)教师教学质量评价较高

学生作为教学的载体,是教学活动的直接对象,对教师的教学质量最有发言权。学生对教师教学质量的评价,可有效促进教师改进其教学设计和教学方法,提高教学质量监控的可信度。

Y城师范学院学生积极参与教风评价。据调查结果可知,Y城师范学院教师授课方式多样,调查结果显示,"灌输式、互动式、探究式、讨论式、启发式、案例式"等六种常见的教学方式深受学生喜爱。

据调查结果显示,大多数教师(79.82%)能够做到及时为学生答疑解惑,并在规定时间内完成对学生作业的批改。这表明 Y 城师范学院大部分教师职业素质较高,对待工作认真负责,对待学生耐心,师生关系较为融洽。

Y城师范学院教师教学水平较高,问卷调查中教学水平达到"一般及以上"评价的教师比例近九成(85.38%),其中24.43%的教师教学水平被学生评价为"非常好",42.02%的教师教学水平被学生评价为"比较好"。这表明Y城师范学院大部分教师的业务水平较高,其教学质量能够保证。

2.学生专业认同感较强,学习兴趣浓厚

近五成(46.93%)的学生表示对所学专业有学习兴趣,其中26.17%的学生表示很感兴趣,学生专业学习兴趣较为浓厚,这有利于激发学生的学习动力,有利于学习质量的保证和学习效率的提高,促使学生更好地实现个人价值。

超过四成(42.02%)的学生较满意学校的转专业规定,个别(0.82%)学生表示不满意,其余大部分学生表示不关心此事。上一年 Y 城师范学院申请转专业的学生人数为 290 人,成功转专业学生的人数为 154 人。这表明大部分学生有较强专业学习兴趣,选择继续学习本专业知识。

超过六成（63.80%）的学生认为所学专业与未来就业有一定联系，仅三成（32.14%）学生认为其所学习的专业知识与未来选择的职业之间没有关系。这表明大部分学生比较了解并信任自己所学专业，他是在了解的基础上做较为理智的选择，并认为专业就业前景较为乐观，专业满意度较高。

（二）学风及专业建设存在不足之处

1.部分学生存在不良学习习惯

在"学习对你而言是怎样的事"的调查中，其结果显示，大部分学生对学习的认知仅停留于表面，学习奋斗目标模糊，仅12.68%的学生享受学习带来的愉悦，认为"学习是非常愉快的事"；近一半（45.81%）的学生认为学习是不得不完成的事，其余的学生认为学习是浪费时间。这表明一部分学生感受不到学习带来的乐趣，由于学习是一件长远的事情，短时间内不能带来满足感，所以部分学生认为学习过程枯燥无味。他们不能用发展的眼光看待学习，轻易将学习视为在校期间必须完成的任务，忽视了学习应有的意义。

调查显示，部分学生学习自控力较弱，仅14.11%的学生表示会制订学习计划并严格执行，44.38%的学生表示不能严格执行已制订的学习计划，更有12.27%的学生表示学习为一时兴起，不需要制订相应计划；29.24%的学生承认为应付考试才会制订计划；50.61%的学生表示制定专业学习的目标，但并未认真执行，更有20.65%的学生并未制定学习目标。这表明，少部分学生能够系统性制定学习计划及目标，大部分学生主观上有学习意愿，并制订了自己的学习计划，但在实际生活中，学生由于受种种因素的影响，将时间和精力都用在娱乐、社交等项目上，因而忽略了计划的执行；还有少部分学生对日常学习重视程度不够，存在应试心理，认为学习只为考试服务从而放松对自己的要求，导致其对学习的认知较为狭隘。

学生独立完成作业情况并不理想。调查显示仅有23.92%的学生能够独立完成作业，其余学生需要在他人的帮助或是以抄袭方式完成作业；在"是否支持同学之间抄袭作业"的调查中，学生体现出对抄袭作业持较为宽容甚至纵容的态度，超过六成（64.84%）的学生认为无关紧要，其中10.84%的学生选择支持此项行为，反对抄袭作业的学生仅占总人数的34.15%。

学生抄袭作业的原因有以下几点：一是作业难度较高；二是学生没有认真学习课程知识；三是教师不易鉴别作业是否属于抄袭，校方也未制定有效措施来制止抄袭作业的行为。此外，调查显示，只有17.9%的学生表示考试期间"从不作弊"，大部分学生在考试中有过作弊行为。学生考试作弊的原因可归结为以下几点：一是部分学生将大部分时间用来娱乐，缺少自主学习的时间，平时不听讲，考前不复习，导致专业知识缺乏，为求通过考试只能选择作弊；二是教师教学质量不高，不能吸引学生学习，于是在考试时为获得较高分数而作弊；三是校方惩罚力度不够，监考过程中部分教师看到学生作弊时只是提醒，未采取有力手段阻止学生作弊。

2.部分学生专业认知度一般

学生对所学专业认知主要包括对专业的认识及喜爱程度、在专业学习上所付出的努力程度等方面。学生专业认知度直接影响其专业学习、专业能力及未来职业的发展。

调查结果显示，Y城师范学院学生的专业认知度一般，且主要停留在认知层面，并未对专业有深入了解。学生主要了解本专业的基本设置、课程结构、专业知识等方面，但对人才培养方案缺乏了解。

据调查结果显示，超过六成（65.34%）的学生表示不了解本专业的人才培养方案，对专业人才培养方案没有明晰的认识。学生对专业人才培养方案了解渠道主要是入学教育、讲座、班会以及其他形式的学习活动等，更多的是随着专业学习的逐步展开而了解，缺少系统全面的学习。

3.部分学生对专业课程设置满意度偏低

本次问卷调查中，专业课程设置满意度选项包括专业课程设结构、专业课程开课顺序、专业课程实用性、选课服务满意度、各学期开课门数及上课时间安排的满意程度等。

调查结果显示，近六成（58.18%）的学生不满意专业课程的结构；近六成（57.46%）的学生认为专业课开课顺序存在不合理之处；超过五成（53.67%）的学生不看好自身专业的实用性，超过四成（40.86%）的学生表示不满意学校的选课服务，近六成（55.73%）的学生认为各学期开课门数不合理；近六成（55.62%）的学生认为每周上课时间安排不合理。这表明学校专业课程设置需进一步完善。

学生对专业课程满意度偏低，应从学校、教师、学生等三方面寻找原因。学校部分教学内容较陈旧，教学设施未更新，课程安排不能满足学生需求；教师教学受其专业水平、职业素质、个人魅力等因素的限制，部分教师授课方法单一，授课内容脱离现实，不能引起学生的听课兴趣；学生作为学习的主体，其对专业课程满意度受校方的教学投入及日常管理的影响，不能深入了解学校制定的人才培养方案，其学习目标比较模糊。

三、改进措施

针对调查结果显示出来的问题，学校从以下几个方面加以改进：

（一）严格管理，适度激励，纠正学生不良学习习惯

加强学生思想政治教育工作。引导学生树立正确的世界观、人生观、价值观，培养学生形成正确的学习观念，激发学生学习动力以调动其学习自主性，实现由"要我学"向"我要学"的转变。坚持以教风带学风，采取有力措施严肃教风建设，组织督导人员随堂听课，严格对上课考勤情况进行检查。深化教育教学改革，创新人才培养模式，引导学生进行研究性学习，以良好的教风带动优良学风的形成，充分调动教师的教与学生的学的积极性，大力加强学风建

设。及时教育处理违反课堂纪律的学生，严肃课堂纪律。坚持班主任、辅导员随堂听课，召开学风问题师生座谈会，及时反馈并解决问题。健全表彰奖励制度，全面调动学生学习积极性。各种奖助金的资格评审中要有学习成绩方面的要求。在学生干部选举、发展党员、评优评先时，要把学习成绩放在首位。坚持以优良考风端正学风，开展诚信考试承诺签名活动，大力营造"诚信光荣，作弊可耻"的舆论氛围，加强考场纪律监督，严肃处理考试作弊行为。通过加强学风建设，明确学生学习目的，转变学生学习态度，增强学生学习动力，提高学生学习积极性，提高人才培养质量。

（二）组织学习，加强指导，提高学生专业认知

学校要高度重视对学生专业认同度的培养与教育，可将人才培养方案纳入学生入学教育范畴，或将其列为学生的"必修课"，使学生能够较为系统全面地学习了解所学专业，对所学专业有一个整体而清晰的认识，保证学生这方面的基本学习时间，并充分发挥学生的监督职能，及时搜集专业人才培养方案在落实执行过程中学生的反馈信息，并予以完善。可通过组织活动、加强宣传等措施改进现状，使学生了解所学专业内容，通过理论指导与社会实践等方式逐步培养学生的专业兴趣，增强学生专业学习的动力。教师在平日里要加强对学生培养专业认同度的指导，提高学生学习本专业知识的积极性。

（三）完善方案，优化课程，提高专业课程满意度

学校制定人才培养方案，需要具备行业意识和区域经济意识，应敏锐分析市场变化，进一步调整培养目标，制定出符合社会需要及市场需求的专业发展计划。合理布局专业设置，调整和优化现有专业结构，结合地方优势，发展部分应用性强的新专业。发挥专业优势，保证专业就业质量，提高学生的专业认同度。首先，学校应加强与学生关于课程设置的沟通，了解学生的切实需要，同时也让学生了解到本专业课程设置的依据，并及时答疑解惑，进一步让学生

体会到专业课程的必要性。其次，学校应做到以学生为本，根据学生的实际状况，合理适度地优化专业课程结构，并协调理论教学与实践教学的时间安排。教师在日常教学中增强学生对本专业的信心，指导学生学以致用，激发学生的学习热情。最后，学校在进行课程设置时，应做到课程与市场相结合，培养出符合市场需要的复合型人才，提高学生对专业课程的满意程度。

第二节　Y 城师范学院线上教学调查及分析

本节以 Y 城师范学院线上教学调查及分析为例，探讨线上教学质量等相关内容。

一、线上教学学生问卷调查情况

为全面掌握 Y 城师范学院线上教学情况，督导组组织了对学生的问卷调查。据统计，截至 2022 年 2 月 28 日下午，在参与线上学习的 19808 名学生中，累计回收问卷 15281 份，参评率 77.14%。调查结果显示，78%的学生对在线学习的效果表示满意；89%的学生表示教师在线教学的目标、要求和重点明晰；81%的学生认为在线学习的学习气氛良好；84%的学生认为教师提供的课件、视频、电子书等教学资源有助于自主学习；87%的学生表示教师及时在线辅导答疑，与学生沟通交流；88%的学生非常认可教师的在线教学水平；34.23%的学生认为在线课程平台操作不方便、不熟练；18.62%的学生不适应线上沟通模式，缺乏与教师或同学的交流；11.59%的学生完全依赖教师讲授，不适应线上学习模式；10.8%的学生学习主动性差，对在线学习不感兴趣；10.16%的学生在线学习时间不够，无法跟上课程进度；还有14.6%的学生的在线学习受其他因素的影响。

根据调查结果，学生喜爱的网络教学平台由高到低排列：中国大学慕课（慕课堂，32.54%），QQ（腾讯会议，26.22%），云班课（12.57%），智慧树（9.74%），Y城师范学院在线课程中心（8.97%），超星（8.80%），雨课堂（1.16%）。

二、Y城师范学院线上教学情况及调查结果

Y城师范学院根据《线上本科教学工作安排方案》，陆续开展线上教学活动，线上教学活动平稳有序。其具体教学情况如下：

（一）课程开设情况

1.全校课程开设情况

截至2022年5月20日，Y城师范学院开展线上教学课程1328门，占教学计划开设课程总数1773门的74.90%；各学院开设课程共3010门次，占教学计划中课程的75.38%。在线进行教学的教师人数为902人，参加在线教学的学生人数为20086人，共167850人次。

2.各教学单位开课分布

在开课的3010门次课程中，外国语学院、音乐与表演学院、体育学院开设课程超过200门次。各教学单位开课及结课情况如表5-1所示：

表 5-1 各教学单位开设线上教学课程数

序号	教学单位	开设课程（门次）
1	语言艺术学院	195
2	法学院	92
3	外国语学院	290
4	音乐与表演学院	549
5	教育科学学院	178
6	管理与社会学院	92
7	美术与设计学院	93
8	数学与统计学院	141
9	电气工程学院	98
10	材料科学学院	108
11	海洋与生物工程学院	66
12	体育学院	374
13	软件学院	175
14	城市与测绘学院	85
15	药学院	46
16	商学院	184
17	马克思主义学院	114
18	教务处	130
	总计	3010

（二）线上教学平台使用情况

1.线上教学平台选用情况

在线教学以直播为主，选用方式主要有三种，其中"爱课程 MOOC 和

SPOC+慕课堂+QQ 群直播"的占比为 73.77%，"爱课程 MOOC 和 SPOC+腾讯会议"的占比为 17.03%，"雨课堂和云班课"等占比为 9.2%。在平台使用上，Y 城师范学院学生最喜爱的网络教学平台排名：爱课程，"QQ 群直播+腾讯会议"，云班课，智慧树，超星，雨课堂。

2.爱课程平台使用情况

学校在爱课程平台开设课程 281 门次，其中独立 SPOC 共 23 门次，异步 SPOC 共 223 门次，同步 SPOC 共 19 门次，在线开放课程 16 门次。实际在线学习的学生和社会学习者共 130479 人次，在线学习人数最多的开课单位是语言艺术学院，达 25243 人次。在已完成开课的 281 门次课程中，商学院开设的课程最多，共有 59 门次。各教学单位开课详情如表 5-2 所示：

表 5-2 各教学单位课程平台开课情况

序号	教学单位	课程（门次）
1	商学院	59
2	电气工程学院	27
3	软件学院	26
4	数学与统计学院	24
5	材料科学学院	22
6	城市与测绘学院	20
7	法学院	20
8	语言艺术学院	16
9	药学院	13
10	教育科学学院	12

序号	教学单位	课程（门次）
11	外国语学院	11
12	管理与社会学院	8
13	体育学院	8
14	海洋与生物工程学院	6
15	马克思主义学院	5
16	音乐与表演学院	2
17	教务处	1
18	美术与设计学院	1

（三）学生问卷调查情况

据 2022 年 5 月的调查显示，Y 城师范学院参加在线教学的学生人数为 20086 人，其中有 16917 人参与线上学习情况问卷调查，参与比 84.22%。

在学习方式调查中，有 1578 名同学仅使用手机参与学习，占比 9.33%；有 1413 名学生仅使用电脑学习，占比 8.35%；有 13843 名学生使用手机+电脑配合学习，占比 81.83%，其余 83 名学生使用其他工具进行学习，占比 0.49%。

（四）线上教学质量影响因素分析

1.教师方面

55.50%的教师认为影响线上教学质量的因素是备课工作量大，教师负担重；50%的教师认为学生缺勤严重；43.40%的教师认为线上教学工具多，没有完全掌握应用技巧，不会针对性应用；26.90%的教师认为学生作业完成质量不高。

2.学生方面

49.36%的学生认为线上教学中存在的主要问题是注意力不集中；23.54%的学生认为线上教学平台较多，存在网络堵塞现象；17.39%的学生认为线上课程课堂活跃度降低；9.73%的学生认为教师线上授课过程未根据学生适应度进行调整。

（五）教学启示与改革方向

从以上相关线上教学质量影响因素的调查结果来看，学生线下学习时长、学生对互动满意情况、课程测试效果对线上学习效果有积极影响，这些是激发学生投入时间与精力进行有效学习的重要因素。归纳起来即学生学习的投入对线上学习效果有积极影响。为了提高线上教学效果，应改进以下相关教学工作：

1.加强线上线下混合式教学，引导学生自主学习

在信息更新速度不断加快、国际竞争日益激烈的今天，社会对具有终身学习能力的人才提出了更高的要求，自主学习逐渐成为人们立足社会的基本能力。自主学习是学生自己主导的学习，其实质是独立学习。自主学习与他主学习相对立，其区别是学生的主体性在教学中确立与否。自主学习是以独立性为核心的多种较优的心理机制参与的主动掌握知识、获取技能的多层次的综合能力，包括主动阅读、独立思考、完成自练、善于自检、促进自治、自我组织、自觉探求、能动应变、适应更新、不断创新等能力。

学生在线下投入学习的时间反映了学生自主学习的程度。线下投入时间越多，学生自主学习程度越高，线上学习效果越好。因此，单纯的直播课堂的学习不是唯一的选择，教师应该进行课程设计，最大限度调动学生自主学习的积极性，保证教学效果和教学质量的提升。

2.增加互动讨论的针对性，重视教学效果

一般认为，灌输式教学方式不利于提高学生的学习效果，因而提倡在课堂上师生互动交流。但学者经过研究后认为，互动讨论与合作学习对线上学习效

果的提高没有影响。经常参与互动讨论、偶尔参与互动讨论或从不参与互动讨论的学生对教学效果的评价没有显著影响。

真正能影响教学效果评价的因素是学生对互动情况的满意度。也就是说，教学过程中的互动讨论与合作学习必须是有针对性的，不能仅仅追求互动讨论这种形式，而是需要根据课程教学的需要，"因课制宜，因人制宜"。教学是一门艺术，教学内容与形式的相得益彰，因材施教不是一句空洞的口号。教师只有真正了解学生，以学生为中心，从学生理解与感知知识的视角出发，去设计教学活动，才能真正做到良好的教学互动，产生积极的教学效果。

3.完善形成性评价，以评促学

调查结果显示，50%的学生反映全部课程安排了测试；37.90%的学生反映大部分课程安排了测试；12.10%的学生反映部分课程安排了测试。分析表明，教师是否安排测试，对于学生感知的线上教学效果有显著积极影响。

一方面，从学生角度来说，学生对自己的学习成绩普遍关注，教师安排测试对学生来说是一种鞭策。为了在测试中获得好成绩，学生往往会用更多的时间进行线下学习，阅读教材或笔记，复习功课，消化学习内容。另一方面，安排测试的教师能从学生的测试中可以及时发现问题，调整自己的教学进度、教学内容或方式，从而有助于线上教学效果的提升。

因此，按照目前线上教学的实际情况，教师需要改变传统的终结性考试模式，强化对学生线上课程学习的形成性评价。通过加强对过程的考核，约束学生的学习行为，学生投入时间精力进行有效学习，以达到较好的学习效果。

第三节　总结线上课堂的保障经验

一、加强对线上教学的督导工作与教学质量的监控

为进一步加强对学期初线上教学运行管理和教学质量的监控，确保线上教学工作平稳有序开展，需要对线上教学加以督导。以 Y 城师范学院为例，线上教学的督导工作，主要有以下几个方面：

（一）督导组成

线上教学督导分为校、院两个层面。校督导组由校领导、校教学督导专家以及教务处、职能部门领导组成；学院督导组成员由二级学院安排，以学院教学督导组成员为主，也可根据实际情况自行调整。

（二）督导方式

线上教学督导工作采取学院自查和学校抽查相结合，以二级学院自查为主、学校抽查为辅的方式进行。学校教学督导组结合学院督导组，检查二级学院线上课程开课、线上教学组织和过程管理等总体情况，同时采取线上巡课的方式，按课表随机进入被查课程的教学平台，对教师线上教学的基本规范、线上课程教学情况等方面进行检查和评价。

校督导组主要采取线上听课的方式，按课表随机听课，进入被查课程的教学平台，对线上课程教学准备、教学进度执行、教学组织等方面进行检查。

（三）督导内容

1.线上课程开课情况

对照 Y 城师范学院人才培养方案，各专业课程符合线上开课条件的，是否已开课。

二级学院是否有组织地开展线上教学活动，是否建立了教学资源审核机制与线上教学课堂负责人机制，是否明确了线上教学要求。

任课教师是否完成各项教学准备及教学方案编制工作，包括线上教学平台选用、课程教案、教学课件、教学计划、教学视频、教学参考资料及教学安排等。

2.线上课程教学情况

线上教学计划执行情况。线上教学是否按课表时间上下课；是否严格执行线上课程教学方案；是否按照授课进度计划表组织教学。

线上教学资料更新情况。线上教学资料是否根据线上教学方案，提前将相关教学资料（包括 PPT、教学视频、电子教材等）和学习任务向学生公布，布置在线教学目标、要求和重点。

线上教学组织管理情况。任课教师是否实施有效的线上教学组织管理，包括是否提前测试和熟悉教学平台，是否发生课堂教学秩序混乱的情况；能否熟练运用线上平台组织教学，能否有效把握课堂教学节奏；是否组织学生线上签到和统计到课率；是否通过提问、讨论等多种方式保证学生积极参与线上教学过程；根据线上课程教学要求，是否提前布置学生自学内容（看视频、听音频、阅读电子教材、查阅资料等）；是否与线下教学结合，及时布置作业及思考题等；是否及时进行线上辅导与答疑等；是否及时开展线上教学反馈。任课教师应充分利用在线平台提供的相关统计汇总与分析功能，及时向学生反馈总体学习情况、存在的问题、改进措施等，并对个别学生进行个性化学习指导。网络异常等情况教师要有预案，从而保证教学正常进行。

3.线上教学过程管理

二级学院是否实施全面的日常管理；是否有责任人、检查记录、分析总结、反馈与整改。线上教学期间，辅导员、班主任是否积极配合教师实施线上教学管理。

4.线上课程教学效果

采取线上听课、问卷调查等形式了解教师教学情况、学生学习情况和教学效果。

（四）相关要求

1.二级学院应高度重视线上教学督导工作，加强统筹规划，制订工作计划，合理分配学院督导组听课对象，明确督导任务、目标和重点，充分发挥辅导员、班主任的督学职能，做到督教和督学相结合、重点听课和线上巡查相结合，实现本学院线上教学课程督导全覆盖，全面做好线上教学的督查工作，确保学期初线上教学秩序稳定。

2.二级学院对教学督导中发现的问题，如因教师准备不充分导致教学秩序混乱、影响教学效果的课程，要求任课教师及时加以整改；对因信息化运用能力水平不足导致线上教学困难的教师要及时给予其指导帮助；对不参与线上学习，作业、预习等学习任务不及时完成的学生要及时做好提醒督促工作，确保线上教学效果和质量。

3.线上教学期间，校教学督导组专家听课不少于6节，对督导过程中发现的重大突发问题应及时向职能部门反映。线上教学结束后督导组将"Y城师范学院线上教学听课情况记录表"提交职能部门，职能部门将对校督导组抽查情况进行通报和反馈处理意见。

4.线上教学期间，校、院教学督导组成员应及时了解、客观反映线上教学过程中存在的问题，须在课后及时向任课教师及其所在学院反馈，并督促任课教师及时整改；校级督导员每周向职能部门反馈一次督导情况，院级督导员每周向所在的二级学院反馈一次督导情况；职能部门建立线上教学督导情况通报制度，定期公布线上教学督导情况。

二、线上教学督导情况工作总结

为贯彻落实本科教学工作方案，保证线上教学有序运行，充分发挥教学督导对教学的有效监督、检查、评估和指导的作用，根据学校期间线上教学工作安排，及时制定"线上教学督导工作实施方案"，全面落实教学督导工作制度，启动校院两级线上教学督导工作，建立线上教学质量保障机制。开展针对教学情况及学生学习情况的问卷调查，确保 Y 城师范学院线上教学质量，保证全校教学工作平稳有序开展。具体有以下几点做法：

（一）精心组织、多措并举，提高线上教学实效

根据线上教学特点，职能部门组织学校教学督导人员加大检查力度，创新听课方式，关注线上开课情况、教学情况、教学效果等核心因素，重点督查教师线上课前准备、线上教学开课时间、线上资源建设及信息更新、线上课程思想政治融入度、教师线上教学过程管理，以及辅导答疑等方面的情况，对学生线上参与学习、互动讨论和作业完成情况进行有效监督。同时，扎实做好以下几个方面的工作，确保线上线下教学质量实质同效。

1.明确督导方式。线上教学督导采取二级学院自查和学校督查相结合的方式，以二级学院自查为主、学校抽查为辅的方式进行。二级学院教学督导组要加大教学督导的力度，全面做好线上教学的督查工作，确保教学秩序有序进行。

2.确定督导重点。针对线上教学的特点，职能部门专门设计了"线上教学督导听课情况记录表"，对影响在线教学有序进行和教学效果的行为进行了重点督导，主要有以下几个方面：第一，教师授课过程中发表不当言论；第二，

教师未提前测试和熟悉教学平台，导致课堂教学秩序混乱；第三，教师未按课表规定时间上下课，影响整体教学秩序；第四，教师在线上教学时擅自离开岗位，导致线上教学处于无管理状态；第五，教师将课堂教学时间变成让学生自学、自行查找资料、学生整节课都在看视频的情况。

3.确保督导实效。为了确保督导的实效性，在督导过程中强调对线上教学效果的关注，要求教师加强对学生线上学习的管理，及时做好督促提醒工作，保证学习效果。

4.建立周报制度。职能部门对二级学院督导组的听课数量作出明确的要求，每周至少听课 2 人次，并认真填写"线上教学督导听课情况记录表"。二级学院每周汇总一次本学院督导听课情况，并及时报送职能部门。职能部门对存在的问题和整改情况进行跟踪反馈。

（二）督导上线、问卷调查，监督线上课程实施

1.校领导听课情况

线上教学第一天，学校启动校领导、校级教学督导组、二级学院教学督导组等听课工作机制。校领导分别进入线上教学平台，在线听取了 17 位教师的课程并与相关教师展开在线交流。校领导肯定了教师线上教学效果，并提出指导性的改进意见。

2.校级督导抽查情况

校级督导组对 17 个二级学院的 431 门在线课程进行了随机抽查。重点检查教师是否按时开课、线上教学内容是否符合大纲要求、教学学习任务发布、资源建设及信息更新、线上互动答疑、课程思想政治的开展情况。从听课情况来看，被抽查课程教学资源建设丰富，教学任务发布及时，按时上传教学资料，正常布置课后作业，并积极与学生进行互动答疑，教学效果良好。

3.院级督导自查情况

院级督导组共计在线听课 982 节次。二级学院采取多种切实可行的做法，

加强教学督导工作。有的学院督导组成员不仅包括学院领导、系主任，还增加了学工书记、辅导员等，教务和学工协同配合，除了督教以外，重点加强对学生学习的督导；有的学院采取"驻群督导+加群督导"的方式，督导组成员对接课程组，开展驻群督导，同时对其余课程开展临时加群督导活动的方式进行督导；有的学院督导组成员全部加入教师线上教学平台，做到随时听课督导；有的学院做到对教师督导全员覆盖。各学院高度重视教学督导工作，保证线上教学的顺利进行，提高督导实效。

4.学生问卷调查情况反馈

为全面了解 Y 城师范学院线上教学情况，职能部门先后两次开展学生问卷调查。经统计，在 2 月 28 日开展的第一次问卷调查中，共计 19808 名学生参与线上学习，累计回收问卷 15281 份，参评率 76.14%。

第二次问卷调查于 3 月 5 日开展，旨在充分了解教师和学生对在线学习的意见和建议，并对学生线上学习情况进行调查。如表 5-3 所示：

表 5-3 学生线上学习参与情况

项目		人数、占比
学生总人数		20602
应参加在线学习人数		16925（82.15%）
应参加在线学习学生	实际参加在线学习人数	16917（99.95%）
	未参加在线学习人数	8(0.05%)

（三）找准症结、立行立改，持续优化线上督查

职能部门设计线上督导听课反馈微信小程序，并对通过此途径填报的 319 份线上教学听课督导反馈表进行分析，从教学态度、教学方法、教学内容、教学效果等四个方面全面了解教学过程中主要存在的问题。

职能部门在认真研究听课记录、充分吸纳督导专家和学生的意见的基础上，

指出教师教学过程中还存在以下问题：

（1）教师对教学平台应用能力、对线上教学的适应性以及教学环节安排的合理性上还需要进一步加强，教师教学情况与学生学习情况存在不平衡现象。

（2）线上教学和管理方法需要创新，线上教学的教学设计、互动形式和考勤措施不够丰富。

（3）在线教学过程中，教师仍存在根据课堂教学的理念进行在线教学，教学节奏把握不当，未能及时关注学生在线学习效果。

（4）个别教师存在课前备课不充分，缺少自学资料的补充与相关的互动答疑，教学形式稍显单一。学生学习方面的问题集中体现在学生学习主动性不高，课堂参与度较低等现象。

针对以上线上教学所存在的问题，教务处、职能部门同二级学院积极沟通，开展有针对性的信息反馈和线上教学指导，并提出相应改进措施，帮助任课教师丰富线上教学方法和教学手段、提升线上教学质量；要求教师课前认真备课，根据实际教学情况调整教学进度，可适当利用课余时间，适当增加课程答疑的时间和次数；学校加大监管力度，调动学生学习主动性与积极性，帮助其尽快适应线上教学，避免学习松散的情况发生。

职能部门将持续深入开展教学质量监控工作，主动适应课堂教学改革发展需要，配合教务处和二级学院做好线上教学服务与学生入校后的教学衔接准备工作。

总体上看，Y城师范学院线上教学情况秩序井然，线上教学督导也有序进行，对存在的问题及时改进，确保了线上教学同质等效。

三、学生学习中遇到的困难及建议

为保障线上教学的顺利进行，掌握学生在线学习情况，督导组通过问卷调查与实地走访的方式，组织二级学院对学生在线学习中遇到的困难以及学生对在线教学的建议进行调研，总结学生在线上教学期间遇到的实际困难及需求，并针对此类状况对学校职能部门提出相关建议。具体有以下几个方面：

（一）教学平台软件应用方面

线上教学存在网络不稳定的现象。如果一个平台同时上网人数过多，软件和平台容易崩溃，因为学生时间比较紧张，在软件崩溃时，常常导致学生不能及时完成学习目标。

例如，"云班课"经常出现卡顿，信息资源、更新不及时，包括在资源的配置方面经常出现延迟的情况。"云班课"讨论混乱，刷屏严重。学生为了获得经验值大量复制、粘贴、刷屏，不仅教师无法全部查看信息，而且学生学不到实质性内容，浪费时间。有一些软件会因为使用人数过多出现卡顿，导致学生无法正常获取学习材料和经验。有些学生担心会对平时成绩产生影响。

课程学习内容多，布置作业多，学习任务重。部分课程任务比线下多，很多课程因为要证明网上学习效率而布置比专业课、考试课、实体课更烦琐的学习任务。这导致学生自主学习时间减少，课堂压力增大。由于学习软件多，学生经常手忙脚乱，有时错过签到时间。

在线学习操作较复杂。在"云班课"等的短信答题的程序中，教师少、学生多，很多时候由于学生答题信息刷得太多，教师会看不见学生答题，学生经验分得分少，打字慢的信息还会被略过，这打击了学生的答题积极性，最后出现一样的答案，不利于学生思考问题。在线教学没有教材可以参考，只能看教学课件，有时教师讲完后学生来不及做笔记，有些教师没有上传课件学生不能复习。

学习平台较多，容易混乱，授课软件太多太杂，不统一，学生消息接受不及时；教学平台使用过多，切换频繁，操作复杂，有时会出现卡顿的现象；有些教师教学进度过快，师生互动沟通不顺畅；有些课程没有为学生准备教材或学习资料；技能课学生学习困难、一些难度较大的课程在线学习效果差；在没有电脑的情况下，有些计算机编程类课程无法完成；有些课程回答问题或讨论，需要以抢答的方式，由于学生打字慢或网速慢，影响平时成绩；学生自学能力不足导致学习效率低。

（二）课程学习方面

1.部分课程内容线上学习效果不佳

部分课程的"云班课"经验值与平时分挂钩，导致大部分学生讨论问题的目的是获得经验值，从而提出缺乏价值的问题，甚至有答案严重雷同的现象，起不到对学习的促进作用。班级 QQ 群、"云班课"混杂，导致在上课时经常收到其他班的消息；教师解答不及时，直播时间过长，课件过多，学生没办法看完，"云班课"的自由讨论不够真实。教师在线上教学中采用抢答等方式加分，这对网速慢、打字速度慢的学生不利，影响他们的学习成绩。线上教学没有教材，有的学生不适应。居家学习的氛围、环境与在校不同，与同学相互交流讨论不顺畅，部分需要实验的课程实验条件不具备；与教师答疑、讨论的交互过程与线下有差距，特别是学生同时发问，几十上百条留言，导致消息淹没现象经常发生，学生不得已在休息时间给教师打电话求助。

做笔记时间紧张。课堂讨论及随堂练习偏多，学生来不及做笔记；教师讲课语速快，学生难以记笔记；学生边看视频边记笔记，还要看教学课件，在时间分配上会比较困难。同时，笔记内容较多，没有足够的时间整理和消化。部分学生反映，仅听语音较为枯燥，不容易理解教材内容，上课没有重点。有些课程采用录播视频与直播讨论并存的形式，但通常一节课的时间仅够观看视频，缺乏做笔记和思考问题的时间。线上教学播放的视频，视频本身的时长超过一节课时间，并且无法快进，导致学生学习速度落后，尤其是在做笔记的情况下。

2.作业完成方面

有些课程教师布置的作业太多，一次性布置多个作业。个别课程采取 QQ

群抢答加分的方式，作业布置制度不完善，两百多人抢答导致教学平台卡顿。很多学科需要提前预习，上课的时候开展线下课堂教学比较少的讨论活动，这就导致要用原本两倍的时间去上一节课。再加上每节课下基本有作业，学生的任务太过繁重。

同时，作业太多太杂，没有系统分类，学生学习效率不高；几乎每节课课上与课后都有作业，测试、笔记和板书内容难以消化理解。而且由于课程较多，每门课教师都布置作业，学生课后完成作业时间不够；学生使用的教学软件太多，作业分布零散；线上学习的作业量比线下要多很多，在课多且要提前看视频预习时会来不及完成作业。

3.网络及设备方面

线上上课时网络时常卡顿，无法正常观看教学视频或直播。有些学生家里未安装网络，上课需要去有网络的地方，尤其晚上有课的时候会不太方便；由于网络问题，有时候 QQ 群课堂不能进入，或刷新不出最新消息，或出现闪退现象。由于条件有限，只有一部手机的学生上课时不方便切换软件，使用教学 App 时由于网络延迟或是设备质量不佳则跟不上进度，家里没有安装宽带的学生网络流量不够，影响在线学习。

对于难度较大的课程，如数学分析、高等代数等，学生目前依然觉得不能适应线上教学，因为知识点的难度较大，学生在线上与教师交流目前仍然略显不足，有些学生依然理解不了较难的知识点。

（三）学生的建议

1.在线上教学设备方面，有的学生建议教师授课时可以使用屏幕共享功能，结合 PPT、文档，语言教学为一体，能够有重点地进行教学。学生建议教师提前将授课计划表、教学大纲、教学 PPT、教材（电子版）发给学生预习（大部分学生没有教材），提前告知该课程的整体教学安排，让学生了解课程的体系结构，有目的性学习，避免低效学习；有的学生建议教师适当放慢教学速度，并且希望下节课能讲解上一节课所布置的课后作业；也有的学生建议教师以直播或录播的形式上课的同时，注意结合课件进行讲解，这样接收效果会比较好。比较直观，MOOC可以作为辅导补充。

2.在教学过程方面，有的学生建议课前签到时间延长，课中给时间做笔记和消化学习内容；对于有实践的课程，在上课过程中留些实践操作和理解视频讲解、关键操作步骤和重点知识内容的时间，以免课后花更多时间补习；采取合理的线上加分机制，避免出现只有前几位才能加分的情况，导致打击学生的学习积极性。

3.在教学内容方面，部分学生建议教师可以结合实践例子多讲解，多讲一些有趣的内容，学生可以更加集中注意力。在线教学时学生希望教师可以讲清楚具体内容，没有同学在旁边交流，很容易遗漏重点；在线教学的方式多样化，不局限于讨论；多关注内容，避免上课时出现形式主义。对不同年级要有不同的线上教学计划。尤其针对大三的同学，希望教师能多给予其时间，减轻课后负担，以方便其进行其他学习。

4.在作业方面，部分学生建议部分考查课可以适当减少作业和讨论，作业数量合理。由于大四学生面对毕业压力，作业量过大，希望教师减少作业量；课程进度适当放慢，尽量减少作业或减少综合性的实验作业，或把一个大作业分解成几个小作业；除了课上时间，希望设置课后集中答疑和作业辅导时间，教师多做引导，多给学生一些思考时间；对于重点知识和普遍存在的共性问题，学生建议教师录制视频讲解；在学习过程中建议教师打开学生摄像头进行抽查，督促学生集中注意力，实时监控学生的学习状况；丰富学习资源，尽量提供参考资料和推荐学习资料网站，学生可以根据各自学习进度自我学习，提高学习效率。

（四）教师对在线教学的建议和要求

二级学院教师针对教学平台使用、学生学习过程管理、教学效果、教学评价、学校管理等方面提出了一些具体的建议或要求。

1.因为使用人数众多，教师所采用的线上授课平台如爱课程、智慧树和"云班课"在上课过程中出现卡顿、延时、学生学习数据不同步等现象，甚至有的课程出现了约 1/5 的学生不能进入平台或进入后无法浏览学习资源、上传作业、讨论等问题，这些问题的存在影响了课程的正常进行。针对有时网络卡顿、平台崩溃的情况，教师建议学校安排专业人员指导教师下载、安装和操作在线开放课程平台、腾讯课堂、QQ 群直播、爱课程 SPOC 等线上教学平台，帮助教师熟知这些线上教学平台的基本功能、使用方法和操作技巧，并组织教师进行反复练习与实操。学校给教师权限可以及时更换有效的平台，及时改进教学。根据具体教学情况进行教学技术手段的调整与改进，对不适用的线上教学平台及时更换，学校可以考虑课程性质的差异，给予教师以平台选择和使用的自由度。

由于网络及各平台超负荷运行，可以采用错峰签到的方式，错峰上传学习资料、课件、作业等，提前下发课程任务清单，组织学生在正式上课前预习；教师根据课程实际制定线上问答规则，固定集中答疑时间等。以上均属有效教学。线上教学应以教学任务和目标有效达成为中心，分开线下教学的固定时间段。

2.由于刚开展线上教学活动，部分任课教师还不太适应，加上平台使用人数过多而导致的网络拥堵、延时等问题，线上授课在互动的有效性、教学环节安排的合理性上还需要进一步加强。因此，应加强对教师的培训，及时研讨，不断转变教师观念，根据课程情况及时调整授课模式和方法，提高效果。树立典型，根据示范的经验，逐步带动。建立学校、二级学院、教研室三级线上教学保障组，解决教师遇见的平台技术问题。针对教师对在线教学的不适应，不断引导教师更新教学观念，改进教学方法，组织教师参加在线培训，编写录制教学视频手册，指导教师开展在线教学。针对学生对问题不能直观描述，建议学生配备"手写板"工具，或者画图软件工具，教师也可配备"手写板"工具进行答疑互动。开展教学督导，采用"驻群"督导和临时进群督导等两种方式，检查教学情况和课程资源建设和使用情况。针对学生对在线教学不适应的现象，通过班主任和学生干部，指导学生使用教学平台和工具，制订学习计划，督促学生开展在线学习；增加对教师的设备支持和技术指导，帮助教师用好"平台+直播"模式。

3.课堂讨论与作业量的布置。由于安排的教学资源少，布置讨论与作业量不足，容易造成学生学习的不足；安排的教学资源多，布置的讨论与作业量大，容易引起学生反感。通过任课教师、教学秘书对接辅导员、班主任以及学习委员等，多渠道加强与学生的沟通和联系，要求每个学生对新学期所实施的线上教学都能做到主动配合、积极参与、应知应会，严格按要求参加线上学习，完成相应的学习任务。

4.教师建议加强和学生互动，如随机考勤、抽查课堂笔记（纸质版）、课堂提问等形式，并检查学生对已讲解过的内容掌握情况，达到督促学生课堂认真听讲的效果。课程不同，平台直播授课的要求和难度也不同，应鼓励教师结合课程特点，多种形式开展线上教学活动，同时加强与学生的互动。针对学生反映信息过多，教师不能一一回应，以及学生没有教材，只能看视频，不能很好地吸收教师授课内容，课后作业质量很难保证的问题。其解决措施主要有三点：一是请学校出面与平台进行沟通，将网络进行扩容，完善平台的功能，以便教师和学生更好地使用；二是任课教师采用提前发布学习材料、错峰签到等措施积极应对网络延时、网络拥堵等情况；三是教师要做好预案，每门课程建立 QQ群或者微信群，一旦其他平台无法正常开展教学，教师可以立即转到其他平台继续授课。

5.针对线上学习的师生辅导与交流问题，教师建议多进行视频直播或者语音在线直播的形式，在授课的基础上，适当利用课余时间，适当增加课程答疑的时间和次数。一方面，联合辅导员、班主任做好学生的教育工作，教育学生课前认真预习，课中认真听讲、积极互动，课后按时完成作业，遵守线上课堂纪律；另一方面，教师在上课过程中采取随时点名，上传笔记照片等方法加强对学生在线学习的监督。线上授课尽管可以通过监测环节来了解学生的学习效果，其缺点是有时无法通过观察学生的表情来调节教学方法。线上教学过程中，由于教师和学生不能面对面，教师无法完全实时监控每个学生的在线学习状态，如学生是否在认真听课，是否积极参与讨论和互动，是否存在学习视频空放等情况。另外，在线作业和测试很难进行监督，学生为了追求高分，抄袭和复制他人答案的现象一直存在，因此应合理使用课堂讨论与合理布置作业量。

6.从学校和教师履职角度，尽管利用线上的教学平台和方式，但仍然有必要强调督促学生按课程教学大纲和进度自主学习，并就重点难点问题让学生讨论，或引导学生围绕重点难点发现问题。教师可先"围观"，然后在互动环节中总结，提高学生的认识。此方法是问题导向，这个过程不能仅限于课上的45分钟，而应向课堂前后拓展，特别要强调对学生进行适合本课程教学内容特点的学习方法的指导。教师授课的形式，要增加视频直播的比重和次数。单纯的观看视频，对于一些难度较大的课程的知识点的理解和掌握效果不佳。遵循适用原则，教师在教学中应根据课程进展及不同的教学内容，选择适应的教学方法和教学平台；设计供学生个人自学、自组团队、互评答疑等提高学生自主学习能力、团队协作能力的资源、资料、参考案例等。加强过程性评价中的过程管理，过程性评价涉及面广、历时时间较长，必须做好相应的管理工作。学习任务或项目的布置要任务明确，要求翔实（包括时间节点、成果类型、展示方式等），并呈现相应的评价标准。实施多元评价，促进学生全面发展。多元评价包括评价主体、评价内容和评价形式的多元化。实施多元评价，调动不同学生的积极性、主动性，关注学生的多元智力，有利于弥补在线教学的局限，促进学生综合能力的提高。制定线上教学及管理激励机制，加强教师在线教学资源开发的培训与指导，开发适合本校学生实际的线上教学资源，鼓励教师投入更多精力重构教学内容，从而开发教学资源。

7.任课教师与辅导员共同努力，加强学生学习的管理。安排优秀课程观摩，对学生评价高的课程可以组织教师观摩学习，交流经验。可以将优质教师所拍摄的教学视频放到网上，供学生自行观看；或者教师给学生布置一个与知识点有关的、带有挑战性的任务，让学生在一定时间内完成，这也能在某种程度上调动学生的积极性。简化督导形式和内容，重在教学态度、教学全过程掌控和对在目前环境下实际教学效果的度量，形成区别于线下教学的督导内容、方法与评价体系，尽量减少各类表格填报。分散在各点的学生在网络状态、家庭学习环境、自我约束能力等方面存在较大差异，学习进度严重不同步，线上提问无序、问题重复或同时多问题等，教师在线教学工作强度和压力加大。

第四节　地方师范院校质量保障体系的多元建设

本节以 Y 城师范学院质量保障体系建设为例，探讨地方师范院校质量保障体系建设路径与方法。

一、关注教师的专业成长

（一）提高课程教学质量

提高课程教学质量的关键在于培养一些具有强烈责任心和事业心、善于研究教学、乐于教学的教师。在听课过程中，督导组发现多数教师教风严谨，以学生的学习效果为导向，认真设计教学课题，不断研究和改进教学方法，精心制作教学课件，多媒体辅助教学运用恰当。一些优秀教师在授课过程中制作了英汉双语的教学课件，准备细致充分；与学生交流自然，对学生的指导认真到位,研究实施结合具体情况的教学方法,师生互动自然。教师课堂上提出问题,调动了全体学生的积极性。潜心研究教学的教师,有利于教学质量的提高。但是,在督导中也发现,由于业绩评价机制的原因,目前一些教师在精力分配上往往更倾向于科研,教学方向精力投入不足,没有足够的时间备课,学校在提高教学质量方面要有更多的激励措施。在督导过程中督导组发现,有些青年教师在教学态度和教学方法上存在不足,因此提升教师的教学能力,改进教学方法是重要的工作,也是一项长期的工作。学校应持续关注这一问题,不断创新培养模式,促进学校各项事业快速发展。此外,不同课程应体现不同专业的特点及相关要求,专业负责人对课程教学大纲、教材的选用、教师的教学方法要与教师沟通和交流,课程教学管理的设置,应有利于提高课堂教学效果和人才培养质量。

(二)积极帮扶青年教师

青年教师在地方师范学院教师队伍中占有较大的比重,代表着学校的未来,是学校的希望,因此地方师范院校一定要从学校未来发展的高度重视和强化青年教师的培养工作。具体应做到以下几个方面:

1.要把好新进教学人员的入口关,凡新进的教师在上课前必须接受学校教学指导委员会的考核。对非师范类学校毕业从事教学工作的教师,应该进行必要的入门培训,特别是对那些在一段时间内教学效果仍不佳的教师,二级学院需要采取切实措施帮助其提高备课、讲课的技能,否则仅仅依靠听课很难解决问题。

2.要制定二级学院新老教师结对帮扶制度。制定结对帮扶目标及考核等细则,切实制定新教师培养责任制,同时给老教师以相应的工作量,以提高他们的积极性。学院要认真落实"一对一""以老带新"的模式培养青年教师,从备课开始的指导,到跟踪听课的具体指导(包括发现问题、分析原因、沟通交流、提炼梳理等),再到教学方法和手段的传授,并且适时进行示范。

3.有条件的课程要加强集体备课制度。课程组或教研室应组织青年教师集体备课、相互听课、集体评课，从内容到方法逐项落实，要抓实抓细。从知识要点、重点难点、教案编写、课件制作、案例分析、课堂讨论、作业布置与批阅等方面进行深入细致的研究讨论，真正取得实实在在的成效。

4.学校要加强对青年教师专业课程教学的培训与指导，指导青年教师钻研所教课程的教材，明确教学重点难点，学会详略处理；也要指导青年教师处理好教材知识与新知识之间的关系，既要系统讲清课程本身的知识，又要及时吸收本学科的最新科研成果。

5.学校要加强对青年教师的课堂教学基本程序和基本要求方面的培训，教师上课时一定要重视组织教学环节。

6.学校要将青年教师的培养工作列入重要的议事日程。

7.学校应首先考虑青年教师的实际教学能力，先通过简单的测试再正式对其下达教学任务。

8.教师联系制度要切实执行。必要时可对经过遴选的指导教师给予一定的补助，并明确其具体的职责。

9.对青年教师进一步加强师德教育和教学技能培训，青年教师加强对教学规章制度和基本规范的学习，努力提高他们教书育人的基本功。

（三）重视解决"重科研、轻教学"的现象

目前在教师中仍然普遍存在"重科研、轻教学"的现象，这种现象与学校对教师的考核与评价体系等政策导向有关。要让全体教师重视课堂教学，改善教风，光靠教学督导人员听课和简单的评价是不够的，还需要学校制定出更加科学合理的评价和考核机制。具体有以下几点做法：

1.学校在顶层设计中一定要高度重视教学杠杆作用，要在全校范围内努力营造关心教学、重视教学、奖励教学的氛围，要通过立章建制，加强科学化、人性化教学管理，用 5~10 年时间培育出一支高素质的、可持续发展的、经得

起社会实践考验的、年龄结构合理的教师队伍。

2.学校要出台相应政策，激励教师从事教学工作，如增设教学带头人、校级教学名师，设立教学创新奖、教学新人奖等，给予表彰。

3.学校要适当提高教学质量奖励标准，加大教学工作成果奖励力度，使之与科研成果奖励对等，与应用型人才培养的办学定位相适应，同时也能激励教师将主要精力投入到教学之中。

（四）有效落实教学管理的奖惩制度

学校的管理制度中，教学管理的奖惩制度有明确的奖惩措施，但在具体实施过程中常常有落实不到位的现象，往往是奖得多、惩得少，特别是涉及惩罚时往往难以执行。长此以往，奖惩制度就会失去威慑力。因此，应在以下几个方面加以解决：

1.要进一步制定和完善教学管理的奖惩制度，力争覆盖教学管理的每一个环节，明确清晰的、具有一定力度的奖惩标准，并制定完善的、可操作的实施细则，做到工作有规范，奖惩有依据。

2.要加强教学工作的督促检查，规范督查项目，严格督查程序，督查结果一定要以适当形式予以公布，做到公平、公正、公开。

3.公布的督查结果一定要严格执行奖惩规定，确保奖惩制度的公信力，达到奖惩少数人、鼓励教育大多数的效果。

4.要将个人奖惩与部门以及部门领导的考核紧密联系起来，避免个人做得好不好与部门及其领导无关的倾向。

（五）组织教学课件制作使用方面的培训

在地方师范学院教师特别是青年教师中，多媒体教学课件的使用非常普遍，对课堂教学起到了较好的辅助作用；但在制作和使用过程中也存在着许多问题，而且长期未能得到很好的解决。为此学校应组织对教师进行教学课件制作和使用方面的培训。具体有以下几个方面：

第一，请相关专业的技术人员或制作多媒体课件较好的教师开设相关知识讲座，就教学课件制作和使用的要求与方法进行系统的培训。

第二，推选好的教学课件进行观摩，互相学习，提高教学课件的制作质量和使用水平。

第三，开展多媒体课件制作与使用的竞赛评比活动，推广典型示范，促进多媒体课件的质量和效果。

第四，各学院、各专业可组织对多媒体教学课件的研讨与审核活动，教师集思广益，取长补短，将每个教学课件都制作使用好，真正发挥其在课堂教学中的辅助作用。

二、完善督导机制建设

（一）进一步完善教学督导工作制度

教学督导工作是学校教学管理工作中的一项重要内容，地方师范院校几年来的教学督导工作取得了显著的成效，对教学工作起到了良好的促进作用。但是，这项工作还需要进一步完善。因此，学校应做到以下几个方面：第一，要充分发挥学校督导与二级学院督导两个方面的积极性，既有所分工又相互促进。教学督导工作可分成教学专业水平与教学常规要求两个方面的督导，前者应主要由二级学院督导组负责，后者可由学校督导组负责，两者相互配合，形成促进教学工作的合力。第二，二级学院的领导特别是分管教学工作的副院长，一定要把教学工作当作中心工作，要深入教学第一线，多听课，沉下去指导教学。第三，学校督导组每学期听课的重点和范围应有不同，既听青年教师和排名靠后的教师的课，也要听老教师、骨干教师和二级学院领导的课，因为他们的课具有"风向标"作用。第四，建立督导反馈制度，对督导组发现的问题应及时反馈，对于反复出现但一直没有解决的问题，教师需要说明原因，并限期整改。

（二）召开督导会议，切实加强教学团队建设

二级学院至少每学期组织召开一次校教学督导组听评课会议。这个会议是学院领导及学院督导组、系主任、教研室主任等参加的交流研究工作会议。二级学院领导加强对教学督导工作的重视与支持，认真听取督导专家的交流意见，反思自己学院在教学中存在的问题，并有针对性地提出整改措施，不断改进教学工作。

实行校院系三级教学管理体制后，现在二级学院都是以系为单位开展相关活动，而围绕学科和课程的教学研究活动开展得比较少，这对提高课程教学质量带来了一定的影响。例如，同一门课程由多个教师上课，相互之间没有交流，教学要求、教学考核存在随意性。有些基础课程由几位教师同时进行教学，而且各专业的要求又不尽相同，相关教师应认真研讨。涉及几个二级学院的同一门课程由不同的教师上课，也应交流与共享优质资源，如有必要，还可以跨院系组织相关教师进行研讨。这样有利于课程教学质量的整体性提高。

高校要重视教学团队的建设工作。要实现老中青教师结合，充分发挥中老年有经验的教师的作用，帮扶青年教师，开展示范教学活动，互相学习，取长补短，共同提高，从而提高课程教学的整体水平。

（三）关注课堂的教学改革

相比较基础教育，高校的教学改革明显滞后，教学理念落后，教学方法陈旧，现代化教学手段利用不充分。据调查发现，课堂教学中存在的突出问题是大课堂教学效果不好，如部分政治理论课上课人数多达 200 人，教师很难顾及全部学生的学习情况，课堂上学生听课情况很不理想。因此，高校应改革政治理论课教学模式，必要时可借鉴英语分层式教学模式，给有考试需求的学生单

独编班上课，系统讲授相关知识；其他同学则采取专题式讲授。一个教师一个学期只需集中精力讲授 1~2 个专题，从而不必跟班系统讲授所有内容。

（四）关注实习的运作模式

专业实习是人才培养的重要环节，是学生走向社会的重要一步。但是，这一重要的环节出现的问题很多，学生走向社会的第一步迈得很不扎实。因此，高校应认真学习借鉴其他高校的做法，对不同专业学生的实习时间作出科学的安排。学校建立一定数量的相对稳定的专业实习基地，二级学院尽可能为学生联系到相对集中的实习单位；选派的指导教师，学校要关注其是否有时间进行指导，指导教师要有一定的时间驻点指导；学校要对学生的实习情况进行巡查；实习成绩的评定要有依据，优秀实习生和优秀实习指导教师的事迹要进行公示。

（五）建立督导队伍建设机制、过程规范机制

很多高校的督导队伍已经建立多年，岗位聘任两年为一个周期。目前存在的主要问题是校级督导人员偏少，应及时补充。随着教育教学改革的不断深入，督导组成员也需要与时俱进，学习新理论，掌握新知识。因此，高校应适当组织督导员集中学习，包括到外地高校学习，研讨督导工作中存在的问题；改进督导方式，提高督导质量；建立督导过程规范机制。具体应做到以下几点：一是督导内容的规范操作，目前主要的督导内容是对教师的教学、学生的学习、对学生的管理，以及对考试的督导。二是督导形式的规范操作，目前督导形式主要是听课、评课，而对教师的备课、作业布置与批改、试卷的制作与批改等方面的情况不了解，因此督导形式要从单一听课向教师教学的整个过程的全面督导过渡。三是学校督导组与二级学院督导组的督导合作，目前是分别运作，各自制订督导计划。因此，学校督导组与二级学院督导组的督导工作建立联动机制，合作督导，分工合作，建立督导过程规范机制。培养高素质优秀人才，必须牢牢抓住本科教学这一核心，改革本科教学监管评价过程，创新高校教学

督导工作形式，以高校教学督导改革研究与实践推进高校教学改革，促进教师教学水平的不断提高，打造含金量高的课堂教学，落实全面振兴本科教学的任务。

（六）建立督导意见反馈机制及材料归档机制

督导工作包括督教、督学、督管和督考。督导过程中发现的问题要及时有效地沟通，建立督导意见反馈机制。目前的反馈方式主要采用课后交流的方式，但由于时间所限，督导组和教师很难深入交流。因此，应采用以二级学院为单位，每学期集中一次交流的方式；以学校为单位，每学期集中反馈一次。无论是交流还是反馈活动，不仅要提出问题，更重要的是对问题进行分析，探讨解决问题的方法和路径。督导材料较多，如何界定重要材料与一般材料，哪些材料必须由学校归档，哪些材料由二级学院保存，哪些材料由督导人员保管，对这些问题需要进行明确的规定。部分督导材料可以考虑纳入教师的业务档案，这有助于促进青年教师专业成长，有助于开展对青年教师专业水平的全面评价。

三、重视教学条件及资源建设

（一）合理选择与使用教材

1.首先要根据专业特点、培养目标和学生层次水平选择合适的专业教材，避免一味追求"高大上"。地方师范院校不要片面地追求综合性大学的教材，尤其是理论性过强的教材。地方师范院校培养的是应用型专业技术人才，因此在选择教材时应认真考虑这些因素，不能盲目跟风，不能随意征订理论性过强的教材。

2.根据教学需要合理使用教材，不要过分依赖教材，必须根据专业特点和学生特点有所取舍，既要讲清教材的基本观点，又要适当增加新内容，将最新科研成果引进课堂，丰富充实教学内容，提高学生的学习兴趣。

（二）切实解决少数教师长期教学评价偏低的问题

少数教师由于多方面的原因导致其教学评价偏低，因此应从以下几个方面采取必要的措施：

1.可以安排教学经验较为丰富的教师对其加以指导；

2.可以考虑安排其进行非专业主干课程的教学；

3.可以考虑将其转岗；

4.对教师的教学能力进行分类界定，与职称评审、岗位津贴相结合；

5.要建立公开、透明、及时的课堂教学质量监督机制，健全和实施不称职教师转岗、停岗和淘汰的机制。

（三）重视教学设备与实验器材的采购与管理工作

教学设备和实验器材的采购与管理工作要做好以下几个方面：

1.教学设备与实验器材的采购工作要理顺关系。学校要明确单位或部门牵头负责采购工作。

2.教学设备与实验器材要及时采购与更新。例如，体育设备比较紧张，不能满足教学需要；药学院部分普通实验试剂（如盐酸等）未能及时购买，影响了部分实验项目等。

3.要重视教学设备的使用与管理，解决对设备"重买、轻用、轻管"的问题。经常对教学设备进行检查，解决教室电脑、投影仪等设备维修不及时的问题。

四、主动求新应变，完善教学评价体系建设

（一）制定督导工作相关办法和制度

制度建设是学校督导工作改革和发展的基础性工作。Y 城师范学院根据学校整体改革方案和学校督导工作的实际，其职能部门、教务处牵头组织教学督导的改革工作，经过对督导工作的调研、对学校督导工作现状的研判以及对督导理论的学习，认真组织研讨，起草了《学院教学督导工作办法》（以下简称《办法》）。《办法》对学校督导工作的基本理念、督导员的组织与聘任、督导员的工作职责、督导员的权利与待遇，以及督导员的日常管理等问题，作了明确的规定和说明。《办法》的出台为学校督导工作的顺利进行提供了政策和依据。

（二）强化督导队伍，为学校督导工作提供组织保障

督导队伍建设是学校督导工作顺利进行的重要前提，督导员的素养则是督导工作能否取得成效的关键。根据《办法》的规定，经过反复酝酿、协商，学校遴选产生了 21 名督导员，其中校内专家 17 名，校外专家 4 名。校内专家中，三分之一是教学单位和管理部门负责人，三分之一是教学经验丰富的退休教师，三分之一是教学水平高、学生评价好的一线优秀教师。

督导队伍的加强，为学校督导工作的顺利开展提供了组织保障。为了更好地配合本科教学工作审核评估、开展教学督导工作，除了仍按文科专业、理科专业和特殊专业分成三个督导小组外，还根据专业督导的需要，对督导人员的分工作了适当的调整，及时调整了数学、外语、艺术等专业的督导人员，从而进一步加强与完善教学督导工作的专业化，健全了督导组织，更有利于发挥每个督导人员的专业特长和作用。

（三）重视督导改革，为学校督导工作提供创新路径

督导改革是激发教学督导工作活力的主要路径。Y 城师范学院督导组围绕学校教学工作，先后参与听课评课活动、期中教学质量检查、巡视考试活动以及教育实习的检查等常规性活动，同时开始探索督导方式方法的改革，如以往的教学督导组与二级学院交流的机会不多，也不够深入，而现在督导组和学院教学管理团队进行了很好的交流活动，深入接触二级学院的教学管理工作，分析教学存在的问题，共同探讨问题解决的办法。因此，这样的交流活动很有必要；又如，以往的教学督导工作主要是课堂听课，但对教师的说课活动很少参与，如今督导组与学院青年教师开展说课评课活动，由于有了较为充足的时间，说课评课活动进行得很顺利，青年教师感到很有收获。

参考文献

[1]邹雪，姚志友. 新时代高等教育评价的运行逻辑及转型路径[J]. 上海教育评估研究，2023（2）：22-26.

[2]王建华. 论高等教育的高质量评估[J]. 教育研究，2021，42（7）：127-139.

[3]吴心怡，王超峰. 高等教育质量监测平台的认知与思考[J].大众标准化，2020（19）：22-24.

[4]崔刚. 地方师范院校须重视师范生培养体系的重构[J]. 中国高等教育，2020（12）：57-59.

[5]李曙冬. 工程教育认证背景下构建新兴学科质量评估体系的思考[J]. 南京广播电视大学学报，2020（04）：45-47.

[6]彭巧燕. 发挥大数据的监测作用，构建地方高校教学质量保障新体系[J]. 第二课堂(D)，2020（12）：111-113.

[7]王晓寰.浅析教学督导在高校教学质量监控中的作用[J].才智,2020(30)：131-132.

[8]邢俊凤，唐思源，董丽媛. 教学基本状态数据采集系统建设研究与实践[J]. 电子世界，2020（22）：70-71.

[9]郝德贤. 教学督导促进高校青年教师教学能力发展的调查研究[J]. 河西学院学报，2019，35（6）：115-122.

[10]池芳．教学状态数据库在高校管理的应用探索——以审核评估为视角[J]．武夷学院学报，2018，37（02）：99-102.

[11]朱沛雨．教师资格国考背景下师范专业人才培养方案优化探究[J]．教师教育论坛，2017，30(03)：5-8.

[12]张鲁华，任满杰，孙毅．高校教学常态监测数据库的建设探讨[J].高教学刊，2017（14）：37-39.

[13]刘田茜.结合工作实际浅谈二级学院教学督导工作中的几点思考[J].山西青年，2016（7）：221.

[14]袁东华.对师范类本科专业人才培养方案优化的思考[J]．教书育人（高教论坛），2015(11)：18-19.

[15]李春广．高校审核评估的认识与应对态度研究[J]．中原工学院学报．2015，（2）：108-110.

[16]李群英.地方师范大学本科教学基本状态数据采集的实践与思考[J].大学教育，2015(12)：38-39.

[17]李永霞，张建光．应用型本科院校二级学院教学督导制度建设[J]．中国电力教育，2014（35）：32-33.

[18]刘承宇，詹定洪，胡波．教育实习对免费师范生从教信念影响的调查研究[J]．贵州师范大学学报（社会科学版），2013（04）：116-121.

[19]丛玉豪．新一轮高校本科教学工作审核评估的认识与应对[J]．中国高等教育评估，2013（03）：7-11.

[20]张昊，汪小玉，朱舜，叶建国．高校试卷检查存在的问题及对策研究--以丽水学院为例[J]．丽水学院学报，2013，35（06）：115-118.

[21]张向群，杨亚红，贡兴满．二级学院课堂教学质量督导问题的思考[J].黑龙江教育（高教研究与评估版），2012（12）：20-21.

[22]李志义，朱泓，刘志军．如何正确认识本科教学审核评估[J]．中国大学教学，2012（10）：4-8.

[23]王学成．地方高校专业建设与特色发展问题[J]．陕西理工学院学报（社会科学版），2012，30（01）：73-76．

[24]崔凤明．从评估角度浅析高校试卷质量问题[J]．考试周刊，2009（20）：4．

[25]余新年．大学生学习信念问卷编制、现状调查及其与学习策略关系研究[D]．苏州：苏州大学，2008．

[26]陈庆星．师范院校工科专业发展的困惑、问题及对策[J]．理工高教研究，2008（01）：49-51．

[27]何莉娜，蔡国春．我国高师院校非师范专业发展的历史回顾[J]．湖南第一师范学报，2007（04）：61-64．

[28]田澜，潘伟刚．大学生学习动机问卷的初步编制[J]．社会心理科学，2006（06）：42-46．

[29]杨彦勤，辛全才．高校试卷材料管理现状、问题及对策[J]．河北工程技术高等专科学校学报，2006（04）：23-27．

[30]孙爱玲．大学生学习倦怠及其影响因素研究[D]．济南：山东师范大学，2006．